$6,240

DES

CHEMINS DE FER

EN TEMPS DE GUERRE

PAR

A. DE FORMANOIR

CAPITAINE D'ÉTAT-MAJOR

AVEC GRAVURES

DEUXIÈME ÉDITION, REVUE & AUGMENTÉE

BRUXELLES

C. MUQUARDT, ÉDITEUR

HENRY MERZBACH, SUCC⁺, LIBRAIRE DE LA COUR

MÊME MAISON A GAND & A LEIPZIG

PARIS, J. DUMAINE

30, RUE & PASSAGE DAUPHINE

1872

CHEZ LES MÊMES ÉDITEURS

——◇◇——

SOUS PRESSE

LA DEUXIÈME SÉRIE DES CONFÉRENCES MILITAIRES

La première série des *Conférences Militaires Belges* a obtenu le plus grand succès dans le pays et à l'étranger. Encouragé par cet accueil favorable, nous avons entrepris la publication d'une nouvelle série. Plusieurs officiers ont répondu à l'appel que nous leur avons adressé. Ceux qui voudraient prêter leur collaboration à cette œuvre, sont priés de bien vouloir nous envoyer leurs manuscrits. Ils seront examinés avec le plus grand soin et naturellement avec la plus grande impartialité.

La deuxième série ne comprendra pas plus de 10 ou 12 Conférences.

Voici le titre des conférences en préparation :

1º LE JEU DE LA GUERRE (Kriegspiel) ou manière d'appliquer la tactique au terrain au moyen de cartes à une grande échelle, par le capitaine PETRE, du 4e de ligne.

2º RUPTURE DE LA GLACE dans les fossés des fortifications. Construction des puits improvisés, par le major du génie COCHETEUX et le capitaine du génie PIRON.

3º COUP D'ŒIL SUR LES PROGRÈS DE LA TACTIQUE, depuis le XVIe siècle jusqu'à nos jours, par le colonel d'état-major BRIALMONT et le capitaine d'état-major DE FORMANOIR.

4º ATTAQUE ET DÉFENSE DES BOIS, par le major MONNIER, du 9e de ligne.

5º Des opérations de la CAVALERIE LOIN DU CHAMP DE BATAILLE, par le major FISCHER, du 2e chasseurs à cheval.

6º LA CAVALERIE SUR LE CHAMP DE BATAILLE, par le capitaine d'état-major de FORMANOIR.

7º Conférence sur L'ARTILLERIE, par le capitaine de TILLY, de l'état-major de l'artillerie.

8º DES TORPEDOES, par le major d'état-major DANDENART.

FRIEDRICH KLINCKSIECK

LIBRAIRE DE L'INSTITUT IMPÉRIAL DE FRANCE.

11, RUE DE LILLE, PARIS.

DES

CHEMINS DE FER

EN TEMPS DE GUERRE

V

39458

MARC MICHEL ☩ IMPRIMERIE DE
REY ☙ BOUILLON

HERITAGE OBLIGE

M. WEISSENBRUCH
IMPRIMEUR DU ROI
BRUXELLES.

DES

CHEMINS DE FER

EN TEMPS DE GUERRE

PAR

A. DE FORMANOIR

CAPITAINE D'ÉTAT-MAJOR

DEUXIÈME ÉDITION, REVUE & AUGMENTÉE

ᴀᴠᴇᴄ ɢʀᴀᴠᴜʀᴇs

BRUXELLES

C. MUQUARDT, ÉDITEUR

HENRY MERZBACH, SUCCʳ, LIBRAIRE DE LA COUR

MÊME MAISON A GAND & A LEIPZIG

PARIS, J. DUMAINE

30, RUE & PASSAGE DAUPHINE

1871

DES CHEMINS DE FER

EN

TEMPS DE GUERRE

Les chemins de fer sont utiles à tous les in-
térêts et à toutes les classes de la société ;
l'armée s'en sert tous les jours, soit pendant la
paix, soit pendant la guerre ; cependant, il
s'est rencontré des esprits sceptiques, qui lors
de l'établissement des premiers chemins de fer,
prétendirent qu'il serait impossible d'appliquer
ce moyen de locomotion aux besoins militaires,
d'autres, que l'on ne parviendrait à l'utiliser
que pour le transport du matériel et des vivres,
« Un corps de troupes de toutes armes, dirigé
« sur un but éloigné, disait un écrivain alle-
« mand, l'atteindrait aussitôt et plus vite peut-

« être à pied qu'avec les chemins de fer et les
« locomotives. »

Des évènements récents, d'autres plus anciens ont répondu à ces doutes, à cette incrédulité. Nos yeux ont vu des corps d'armée entiers transportés sur les voies ferrées, avec une rapidité prodigieuse ; nos oreilles ont entendu le récit de faits que la vapeur seule a permis de réaliser, et de nos jours sans doute, se vérifiera cette parole prophétique du général Lamarque:
« Il est possible que la vapeur amène un jour
« une révolution aussi complète que l'invention
« de la poudre à canon. »

Cette révolution est en voie d'accomplissement ; on doit reconnaître que depuis la création des chemins de fer, la constitution de la guerre a subi de profondes modifications. L'étude des campagnes de 1859 en Italie, de 1864 en Danemark, de 1866 en Italie et en Allemagne nous en fournit la preuve évidente. N'a-t-on pas dit que cette dernière lutte décisive entre la Prusse et l'Autriche eût été impossible sans les chemins de fer ?

I

On se rendrait difficilement compte de l'influence des chemins de fer, du rôle important qui leur est désormais assigné dans toutes les opérations militaires, si l'on ne connaissait au moins d'une manière générale, les principales applications qui en ont été faites au transport des hommes et des choses. J'exposerai donc brièvement quelques exemples de grands transports militaires.

En 1846, le 6ᵉ corps d'armée prussien a fait transporter vers Cracovie :

1ᵈ Sur le chemin de fer de la Haute-Silésie, 9,990 militaires de tous grades ; 309 chevaux, 16 pièces de campagne, 15 waggons de munitions et 30 voitures du train ;

2° Sur le chemin de fer de Freybourg à Schweidnitz et Breslau, 2,325 hommes, 14 chevaux et 2 voitures du train ;

Le premier transport considérable eut lieu en 1849 ; un corps Russe de 30,000 hommes, cantonné en Pologne, fut transporté en chemin de fer jusqu'à Göding, pour se joindre à l'armée Autrichienne.

Vers la même époque, les troupes de la confédération germanique employèrent les chemins de fer dans leur expédition du Schleswig.

En 1851, la division russe Paniutine, forte de 15,000 hommes, 2,000 chevaux et 48 pièces d'artillerie, fut transportée avec tous ses équipages, de Cracovie à Hradish. Ce trajet, long de 300 kilomètres, fut parcouru en 2 jours. Une forte colonne ne fait guère plus de 5 lieues, à pied, en un jour, si l'on compte un jour de repos sur six, on trouve qu'il aurait fallu à la division russe voyageant à pied, 15 jours pour exécuter son mouvement, c'est à dire 7 fois plus de temps que par le chemin de fer.

En juillet 1859, l'état-major prussien avait dressé un tableau de transport du 5ᵉ corps d'armée, de Posen et Breslau à Francfort-sur-le-Mein. Fort de 2 divisions d'infanterie, 2 de cavalerie, d'une réserve d'artillerie et du train, ce corps eût été rendu à destination en 14 jours. La distance à parcourir étant de 675 kilomètres, on voit que par la route d'étapes, il aurait fallu 33 jours, soit un temps environ 2 1/2 fois plus long. Le mouvement n'eut pas lieu, mais 7 ans plus tard, les corps prussiens sont transportés à de grandes distances en 9 et 12 jours. Ces corps étaient du reste un peu moins forts que celui qu'il avait été question de transporter en 1859.

Lors de l'intervention française en Italie, on transporta sur la ligne Paris-Lyon, en moyenne 8,421 hommes et 655 chevaux par jour. La cir-

culation ordinaire ne fut jamais interrompue. Du
20 avril au 15 juillet, cette même ligne transporta 115,000 hommes et 25,000 chevaux, sans
compter les voitures, les munitions, etc. Toute la
cavalerie de la garde, forte de 6 régiments, fit
en chemin de fer le trajet de Paris à Marseille.
On a calculé que si l'armée française avait dû se
concentrer en Piémont par des marches ordinaires,
elle aurait employé six fois plus de temps que par
les chemins de fer [1].

La même année, le 3e corps d'armée autrichien,
fort de 20,000 hommes, 5,500 chevaux et 288
voitures, se rendit par chemin de fer, de Vienne
en Lombardie, en 14 jours. On employa 76 trains
et on supprima le service public. La vitesse fut
4 1/2 fois plus grande que par la route d'étapes.

En 1864, la 13e division prussienne, forte de
15,000 hommes, 4,500 chevaux et 379 voitures,
se rendit en 6 jours de Minden à Harbourg. On
conserva le service public. Le voyage fut trois
fois plus rapide que par la voie ordinaire.

Dans toute la guerre de la Sécession, nous
trouvons une foule de circonstances où les transports par chemin de fer sont d'une extrême importance.

En 1863, le corps de Hooker fort de 23,000

---

[1] « Les chemins de fer ont joué un rôle immense dans
« cette concentration. C'est la première fois que dans l'his-
« toire militaire ils servent d'une manière aussi merveil-
« leuse et entrent dans les combinaisons stratégiques.
« (*Spectateur militaire* du 15 septembre 1869.) »

hommes et emportant avec lui toute son artillerie et ses voitures, fut transporté des bords du Rapidan (Virginie) à Stevenson (Alabama) en 7 jours. Il avait parcouru 2,000 kilomètres. Par la route d'étapes, il faudrait au moins trois mois pour faire ce même trajet. D'autres fois, les grands transports par chemin de fer se combinaient avec des transports par eau. Ainsi, en 1864, le corps de Scofield, fort de 15,000 hommes, fut embarqué sur le Cumberland, près de Nashville, pour remonter l'Ohio jusqu'à Cincinnati : de là, il fut transporté par chemin de fer à Washington; de cette dernière ville, il arriva par mer au cap Fear, ayant ainsi parcouru 2,500 kilomètres en 11 jours.

En 1866, la mobilisation et la concentration de l'armée prussienne se firent presqu'entièrement au moyen des voies ferrées. Il en fut de même en Autriche et dans les autres États allemands. Il est inutile de rappeler ces faits trop connus; ils démontrent une fois de plus les immenses avantages que l'on peut retirer d'un emploi judicieux des voies ferrées.

Enfin je citerai les mouvements qui eurent lieu à Bruxelles-Nord et Bruxelles-Midi dans les journées des 25, 26, 27 et 28 septembre dernier.

Le 25 septembre.	. .	17,797	voyageurs.
Le 26 id.	. . .	46,612	id.
Le 27 id.	. . .	56,532	id.
Le 28 id.	. . .	29,286	id.
Total.	. .	150,227	

Dans les journées des 25, 27 et 28 les chemins de fer amenèrent en outre à Bruxelles :

39,410 militaires de tout grade.

Total général.   189,637

non compris les arrivées et les départs par la ligne du Luxembourg [1].

Il est à remarquer que les grands transports militaires se firent généralement à une vitesse modérée. En Autriche, les trains parcouraient en moyenne 22 1/2 kilomètres à l'heure, 25 en Prusse et 25 à 27 en France. L'adoption d'une pareille mesure est parfaitement rationnelle. « Les « grandes vitesses, dit Body, ne peuvent avoir « pour résultat d'accélérer le déplacement général « des troupes, parce qu'elles ne sont possibles « qu'en réduisant considérablement les masses « unitaires des trains. Les trains étant moins « forts, sont plus nombreux, les intervalles entre « les départs également, les chances d'accident « plus grandes, etc., etc. »

Les transports par chemin de fer sont surtout avantageux pour parcourir de grandes distances. Si l'on voulait transporter un corps d'armée sur une seule ligne, à 8 ou 10 lieues, ce corps arriverait à destination moins vite qu'à pied. Le motif en est simple : le temps gagné par la rapidité du transport serait absorbé et au delà par la durée de l'embarquement, l'espacement des trains, etc.

[1] Document officiel.

II

On s'accorde généralement à reconnaître qu'un réseau de chemins de fer augmente considérablement la force militaire d'un pays. Les faits qui précèdent, ne peuvent que nous confirmer dans cette opinion. Il n'en est pas moins utile et digne d'intérêt de rechercher quels sont les avantages spéciaux qu'une armée peut retirer de l'utilisation des rails-ways, tant pour les préparatifs d'une entrée en campagne, que pour les transports de tout genre à effectuer dans le cours de la lutte.

De l'expérience des guerres qui ont eu lieu depuis vingt ans, on peut tirer les enseignements suivants :

A. *La mobilisation générale est plus rapide qu'auparavant.*

Pour retirer des chemins de fer tous les avantages qu'ils peuvent procurer en temps de guerre, il est nécessaire de préparer en temps de paix, avec le plus grand soin, tout ce qui a rapport à leur emploi. Quelque faible que soit une armée, quelque complet que soit le réseau des chemins de fer, le travail de mobilisation doit être parfaitement coordonné longtemps d'avance ; s'il n'en est pas ainsi, si tout n'est pas réglé jusque dans les moindres détails, l'incertitude, le désordre qui en est la conséquence naturelle, entravent tous

les mouvements; on arrive à ce pêle-mêle dont
parle le général Trochu, « les troupes, hommes
« et chevaux, le matériel, les approvisionne-
« ments, etc., encombrent toutes les voies et vont
« s'accumuler un peu au hasard sur tel point et
« sur tel autre. »

Pour échapper à ce danger, « il faut des pré-
« cautions infinies, un ordre parfait, médité et
« arrêté de longue main, afin d'éviter les frotte-
« ments administratifs, les conflits d'autorité, la
« confusion et les collisions dans les déplacements
« nombreux et fortuits que nécessitera le passage
« du pied de paix au pied de guerre et de rassem-
« blement[1]. »

Les événements dont le Hanovre a été le théâtre
en 1866, portent avec eux un enseignement
d'une haute valeur ; « rien n'y était préparé pour
« la mobilisation, *et malgré les plus grands efforts,*
« il ne fut pas possible de regagner le temps
« perdu, tous les sacrifices que le pays s'im-
« posait depuis si longtemps en vue de la
« défense nationale, furent inutiles au moment
« décisif[2]. »

Lorsqu'on voit passer ces trains rapides qui
emportent à toute vapeur des troupes nombreuses,
on ne se figure pas toujours les précautions qu'il
a fallu prendre pour assurer leur marche, pour

---

[1] Lieutenant-général Renard.
[2] Relation de la campagne de 1866 par l'État-Major autrichien, traduite par F. Crousse, capitaine d'état-major.

leur donner cette régularité, cette exactitude mathématique qui seules permettent de mener à bonne fin un transport considérable. Désignation du personnel, réunion du matériel, organisation des convois, heures et points de départ, de croisement, d'arrivée, avis aux chefs de station, etc., etc., tout doit être réglé avec un soin minutieux, sous peine de voir échouer les plus belles combinaisons.

Les officiers, les fonctionnaires et employés de l'administration des travaux publics que la chose concerne, auront donc reçu longtemps d'avance, des instructions détaillées sur tout ce qu'ils ont à faire dans les diverses éventualités de guerre. Alors seulement les chemins de fer pourront donner tout ce que les hommes éminents, préposés à leur direction, promettent avec une fierté et une confiance si légitimes.

Tous les États de l'Europe ont pris des mesures pour assurer la prompte mobilisation de leurs armées : l'an dernier, le maréchal Niel a déclaré au Corps législatif, qu'il suffisait de 15 jours pour mobiliser toutes les forces de l'Empire, et de 5 jours pour concentrer une armée sur la frontière du Nord.

Si une puissance militaire de premier ordre, comme la France, a jugé nécessaire une telle rapidité, n'est-il pas de notre devoir de prendre des dispositions qui nous permettent de mobiliser l'armée en moins de 5 jours? Et comment y parvenir sans les chemins de fer? C'est dans cette première phase de la guerre, qu'ils nous rendront le plus de services ; à nous qui resterons forcément sur la défensive au début des hostilités, ils seront même plus utiles qu'à l'ennemi puissant dont l'attaque serait imminente. Une grande nation qui veut attaquer une nation faible, choisit son heure, elle a donc, en général, le temps de faire ses préparatifs ; au contraire, le temps nous fera presque toujours défaut, soit que l'attaque ait été trop brusque, soit qu'un excès de confiance ait endormi notre vigilance. Les chemins de fer seuls pourront nous sauver du péril auquel nous exposerait notre infériorité numérique ou notre négligence.

Pour éviter ce danger, on a préparé un projet général de mobilisation, dans lequel les voies ferrées sont largement mises à contribution. On a le ferme espoir de rassembler en deux jours les miliciens aux dépôts des régiments et de réunir, en temps opportun, toute l'armée en arrière de notre ligne de défense formée par l'Escaut, le Rupel et la Nèthe.

B. L'armée mobilisée, les corps portés à leur complet de guerre, il s'agit de *transporter les troupes et les munitions sur les points que l'on veut défendre ou sur ceux d'où l'attaque doit partir.*

Ici encore, les chemins de fer ont un rôle important à jouer. Ils présenteront cet avantage immense de permettre d'exécuter des mouvements rapides et même des marches de nuit [1] sans fatigue pour le soldat.

On a dit, il y a déjà longtemps, qu'à la guerre, le succès est dans les jambes; mais pour peu que les marches forcées se prolongent, beaucoup d'hommes restent en arrière, les privations, les fatigues, les maladies désorganisent les corps; la maraude, le désordre, introduisent dans l'armée l'esprit d'indiscipline; de longues bandes de traînards se répandent sur le pays, traversé par la ligne d'opérations, et l'on arrive devant l'ennemi avec des forces réduites du 1/10, du 1/5, etc., suivant les distances à parcourir. Ce spectacle, les armées l'ont souvent offert sous le premier empire; plus tard, des faits analogues se sont reproduits. En 1854, tandis que du cœur et des extrémités de la France, on transportait rapidement et sans pertes, sur la frontière maritime, le personnel et le matériel nécessaires pour alimenter la guerre d'Orient, la Russie faute de chemin de fer, ne pouvait qu'au prix des plus grands efforts, faire arriver à Sébastopol une partie des renforts qu'elle y envoyait; un grand nombre de soldats mouraient en route.

En 1859, au contraire, les Autrichiens envahissent le Piémont; les Français n'avaient pas terminé leurs préparatifs d'entrée en campagne, le chemin de fer leur permet de concentrer leurs forces dans la vallée du Pô. Au lieu de faire de

[1] Blücher disait qu'il craignait moins l'ennemi que les marches de nuit.

longues étapes, ils volent de Gênes à Alexandrie.

« Conduits à Turin en plusieurs convois, les
« chasseurs sortaient de la station, non pas fati-
« gués et éreintés comme cela arrive après une
« longue marche, mais au pas de course, avec
« leurs sacs, manteaux, tentes, piquets, bidons
« sur les épaules, au milieu des cris, des ap-
« plaudissements et au son des clairons [1]. »

Il en fut de même pour les autres armées qui
ont illustré le sol de l'Italie en 1859 et 1866;
celles qui ont parcouru les glorieuses étapes de la
Bohême en 1866, avaient suivi les lignes de chemin de fer pour se concentrer.

L'admirable combinaison de marches conçue
par l'Empereur pour transporter en 1805, son
armée, de Boulogne, de Brest, de la Hollande, du
Hanovre, sur le Danube, ne présenterait de nos
jours, *pour sa mise à exécution*, que des difficultés
d'un ordre secondaire, et faciles à surmonter. Les
exemples cités plus haut peuvent servir de preuve
à cette allégation.

C. Appliquant les transports par chemin de fer
aux mouvements de troupes sur le théâtre des
hostilités, on reconnaîtra qu'il est possible :

1° *De faire rejoindre promptement les détache-*
ments dont la présence devient nécessaire, soit
pour livrer bataille, soit pour résister à une
attaque de l'ennemi. « Quand on veut livrer

[1] *Journal of the Royal United Service Institution.* 1864.

« bataille, dit Napoléon, il est de règle de rassem-
« bler toutes ses forces, de n'en négliger aucune ;
« un bataillon quelquefois décide d'une jour-
« née. »

Fidèle à ce principe, l'archiduc Albert fit
transporter la brigade Seudier par chemin de fer,
de Rovigo à Vérone, la veille de la bataille de
Custozza.

2° *De faire combattre le même corps d'armée
sur des points différents, à des intervalles de temps
très rapprochés ; de renforcer avec rapidité. les
points menacés ou trop faiblement occupés.*

En 1814, l'Empereur tient tête aux armées
coalisées, les bat dans maintes rencontres, mais
vaincu par le nombre, il succombe. « A la pre-
« mière lutte que la France devra soutenir, dit
« le général Pelet, l'invasion de 1814 se renou-
« vellera. Il faut donc porter rapidement nos lé-
« gions au devant des colonnes ennemies venant
« de l'Est, et du Nord, avant qu'elles ne soient
« réunies, lorsqu'on peut espérer les combattre
« *les unes après les autres*. Il faut *soutenir* avec
« les bataillons organisés continuellement dans
« Paris, cette armée principale opposée à la jonc-
« tion des masses coalisées. »

Le moyen d'arriver à ce résultat, le général
l'indique, c'est l'établissement de chemins de
fer.

En 1859, la garde impériale réunie à Alexandrie où était le grand quartier général, servait à
la fois de réserve générale et de réserve partielle

de la gauche de l'armée française. Avec les chemins de fer qui reliaient Alexandrie à Casale et à Voghera, elle pouvait être portée rapidement sur le point menacé de toute la ligne. (*Relation de l'état-major français*).

C'est à l'aide des chemins de fer que l'armée française put exécuter rapidement et presqu'à l'insu de l'ennemi son mouvement tournant vers Novare et Verceil.

C'est par le chemin de fer qu'en 1863, Sherman arriva au secours de Rosencranz, quelque temps avant la bataille de Chickamauga.

En 1866, le corps de Manteuffel est à Göttingen ; le général Vogel von Falkenstein en détache 5 bataillons et une batterie rayée sous le général von Flies et dirige le tout par chemin de fer sur Gotha. La route directe par Eisenach n'étant pas libre, il n'hésite pas à faire faire un grand détour par Magdebourg et Halle. La rapidité du transport aidant, dès le lendemain soir, une partie de ces troupes étaient arrivées à destination.

Les mouvements qui précédèrent la journée de Langensalza eussent été impossibles sans les chemins de fer.

Une question se présente ici. Est-il possible de faire arriver par le chemin de fer, des renforts au secours de troupes engagées dans la bataille ?

L'expérience à cet égard est peu concluante ; on ne cite que des faits isolés, mais il ne paraît pas douteux que des corps d'infanterie parfaitement exercés à l'embarquement et au débarquement, puissent mettre assez de rapidité dans leurs mouvements pour arriver en temps opportun sur le lieu du combat.

Voici du reste deux faits à l'appui de cette opinion : à Montebello, le général Forey reçut continuellement des renforts pendant la lutte : « convois sur convois arrivaient à Voghera, dé-« barquaient des centaines de combattants, et « retournaient immédiatement en chercher d'au-« tres[1]. »

Giulay, dans son rapport, confirme cette particularité, mais chose curieuse, l'état-major français la nie.

A Magenta, les Autrichiens reçurent également ment des renforts qui se succédaient sans interruption.

Je citerai d'après un auteur allemand, un trait remarquable, qui ne fait que confirmer l'opinion émise plus haut : « Pendant le combat de Podol, « on fit partir de Münchengrätz, vers minuit, un « train pour emporter les blessés ; ce train arriva « sur le champ de bataille lorsque la lutte durait « encore ; malgré les balles qui sifflaient à leurs « oreilles, les employés sautèrent à bas des wag-« gons pour enlever les blessés. » Ce que les infirmiers ont fait avec tant de fermeté, les soldats le feront bien aussi.

---

[1] Correspondant spécial du *Times*, cité par le capitaine TYLER.

D. *L'armée qui défend un cours d'eau, trouvera de grandes ressources dans l'emploi des chemins de fer.*

La défense d'un cours d'eau a toujours été regardée comme une opération très difficile, si pas impossible : Il y a tout lieu de croire que désormais il n'en sera plus ainsi, pourvu que l'on se serve avec intelligence des voies ferrées.

Un colonel Prussien, étudiant les défenses naturelles de la France, en cas d'invasion allemande, dit que la Marne sera infranchissable, parce que des renforts pourront être rapidement dirigés sur les points où l'ennemi tenterait d'opérer le passage de la rivière.

« Quand on songe, dit cet officier, que des « troupes fraîches pourront être amenées de Paris « par chemin de fer, on conviendra que l'opéra- « tion du passage de la Marne a peu de chances « de réussite. »

Envisageant plus loin les difficultés qu'une armée allemande éprouverait à franchir le Rhin, « il est certain, dit le même auteur, que l'éta- « blissement d'un pont sur le Rhin n'est pas une « entreprise aisée en présence des facilités que « possède le défenseur de concentrer rapidement « ses forces, si l'on n'a pas pris ses dispositions « pour lui opposer à chaque instant des forces « supérieures. »

Voici comment Pönitz expose ses idées sur le sujet qui nous occupe : « Un chemin de fer des- « tiné principalement à la défense de grands

« cours d'eau, ne doit jamais cotoyer la rive de
« trop près, là surtout où les trains pourraient
« être efficacement atteints par les feux du rivage
« opposé. Comme il faut autant que possible,
« dérober aux regards de l'ennemi tout ce qui se
« passe sur le chemin de fer, il serait bon de
« l'établir à une lieue au moins du rivage. Le
« maximum de la distance serait deux lieues. »

« Les motifs ressortent d'eux-mêmes de la
« théorie pour la défense des cours d'eau. Nous
« dirons seulement qu'il faut que les troupes, en
« débarquant des waggons, aient le temps de se
« former, avant d'être exposées aux attaques de
« l'ennemi, qui déjà peut-être franchit l'obstacle :
« que d'un autre côté elles ne doivent pas avoir
« une trop longue marche à faire pour atteindre
« les points du rivage où l'ennemi serait établi,
« parceque celui-ci aurait tout le loisir de se
« renforcer avant l'attaque. Il faudrait, en outre,
« que d'autres voies vinssent s'embrancher sur
« le chemin principal, ne fût-ce que des tronçons
« de peu de longueur, afin d'avoir des gares en
« nombre suffisant pour concentrer le matériel
« roulant nécessaire au transport de plusieurs
« brigades d'infanterie avec de l'artillerie. Il s'en
« suit que les chemins de fer n'offrent qu'une
« faible utilité pour la défense des rivières qui
« serpentent à travers des vallées étroites, *mais*
« *que, dans les vallées larges, ils peuvent prêter à*
« *la défense une force surprenante et bien propre*
« *à vaincre le préjugé qui veut, que sur les cours*

« *d'eau, le désavantage soit toujours du côté de la*
« *défensive.* »

E. Ce qui réduit et ruine les armées, c'est le
manque de vivres ; ce qui les allourdit et empêche
souvent l'exécution des combinaisons les plus hardies, c'est l'énorme difficulté de traîner après soi
des vivres en quantité suffisante [1]. Désormais ces
obstacles disparaissent.

L'importance des voies ferrées est tellement
grande pour les transports militaires, que de nos
jours, nous voyons dans toutes les guerres, les
armées suivre ces lignes et les garder avec un
soin extrême. Jamais pendant la marche de
Sherman, de Chattanooga à Atlanta, les chemins
de fer ne se trouvèrent à plus de cinq marches
du quartier-général.

L'auteur du remarquable ouvrage intitulé : *De
l'emploi des chemins de fer en temps de guerre,*
calcule que pour fournir les vivres et les fourrages à une armée de 100,000 hommes, il faudrait
6 ou 7 trains par jour. Combien ne fallait-il pas

---

[1] D'après THIERS, lors de la campagne de Russie, « les
« troupes françaises arrivées sur le Niémen étaient fatiguées
« des marches qu'elles avaient dù faire. Elles manquaient de
« pain, de sel, de spiritueux et s'ennuyaient de manger de
« la viande sans sel avec un peu de farine délayée dans de
« l'eau. Les chevaux étaient déjà très affaiblis faute d'avoine
« et encore le temps avait-il été beau. Un grand nombre de
« soldats, restés sur les derrières, y étaient pour ainsi dire
« égarés, demandaient leur chemin et ne trouvaient per-
« sonne à qui le demander car il y avait peu d'habitants et le
« peu qu'il y avait ne parlait que le polonais. Une énorme
« quantité de charrois, soit d'artillerie, soit de bagages,
« allongaient et embarrassaient la queue de l'armée. »

de voitures, lorsqu'on employait le système de convois par grand'route?

Ce n'est pas seulement la facilité, mais encore la rapidité des transports qui est avantageuse à l'armée : un convoi ayant une vitesse six à huit fois plus grande que les voitures de roulage, la surface d'approvisionnement sera 36 ou 64 fois plus grande qu'auparavant. On épargne le pays sur lequel passent les armées, on diminue le nombre de bouches inutiles dont se compose le personnel des convois, les provisions arrivent intactes, les magasins plus éloignés sont hors des atteintes de l'ennemi, on peut conserver une base d'opérations unique pendant toute la campagne : ces avantages sont tels, que désormais il n'y aura plus de ligne d'opérations qui ne suive une voie ferrée. C'est qu'en effet, dit Vigo Roussillon, la voie ferrée est aujourd'hui, après la voie maritime, le plus puissant des moyens de transport ; elle se prête à tous les besoins, aux mouvements rapides du personnel, aux lourds transports des approvisionnements ; elle résiste à toutes les intempéries, et fait usage d'un matériel bien autrement durable que les hommes et les chevaux.

En 1859, les Français recevaient tous leurs approvisionnements par la ligne de Gênes à Alexandrie.

En 1862, après que le premier projet d'attaquer Richmond par mer eut échoué, Mac Clellan réunit un conseil de guerre dans lequel il fut de nouveau décidé que l'on attaquerait par mer, et que si le gouvernement n'acquiesçait pas à cette décision, il devrait fournir à l'armée les moyens de reconstruire le chemin de fer d'Orange à Alexandrie, qui deviendrait ligne *d'opération et surtout d'alimentation..*

Ainsi donc, quoique l'armée disposât de nombreuses voitures d'équipage, une ligne ferrée était jugée indispensable à ses ravitaillements.

En 1864, le pain de munition nécessaire aux troupes du Schleswig était envoyé tout cuit de Berlin.

« En 1866, non seulement les chemins de fer
« ont transporté d'immenses approvisionnements
« sur le théâtre même des opérations, mais encore
« ils ont assuré la subsistance des réserves con-
« sidérables qui venaient en arrière. Ces réserves
« n'auraient pu trouver à vivre dans un pays
« aussi pauvre que la Bohême, et sans elles, les
« opérations n'auraient pu se poursuivre avec
« autant de hardiesse [1]. »

Mais pour que les vivres arrivent en bon état de conservation, pour que l'encombrement qui eut lieu à Gênes en 1859, à Breslau, à Loewen, à Freybourg, etc., en 1866, ne se représente plus, il faut des précautions minutieuses et une grande énergie. Si les pains, si la farine, si l'avoine sont expédiés dans des waggons mal aérés, les pains moississent, la farine et l'avoine fermentent; si, aux points de déchargement, des hangars ne

---

[1] De l'emploi des chemins de fer, en temps de guerre. (*Ouvrage allemand anonyme*).

sont pas disposés pour recevoir vivres et fourrages, ceux-ci restent exposés à toutes les intempéries et sont bientôt gâtés.

F. L'un des devoirs les plus impérieux imposés
au général, consiste dans le soin des malades et
des blessés et dans leur transport des ambulances
aux hôpitaux. *Les chemins de fer sont d'un
emploi continu soit pour l'expédition de médicaments, de matériel d'ambulance, etc., soit pour
les évacuations.* En 1866, des convois circulant
en franchise sur toutes les lignes, apportaient à
l'armée prussienne des médicaments, des linges à
pansement, des rafraîchissements de tout genre.
Ces trains de chemin de fer transportaient d'é-
normes quantités d'objets provenant de dons pri-
vés, ou recueillis par la *Société de secours*[1]. Après
Sadowa, cette *Société* envoyait par un seul train
50,000 livres de viande, 34,000 bouteilles de vin,
1,500 bouteilles de cognac, 20,000 paires de pan-
toufles, 5.000 ceintures de flanelle, 62,000 ciga-
res, etc. Le Comité central avait établi à Turnau
et à Waldenbourg des parcs de voitures attelées
de deux chevaux et destinées exclusivement à
transporter son matériel sur les points situés à
quelque distance du chemin de fer.

---

[1] *La Société prussienne de secours aux militaires blessés,*
a un *Comité central* dont le siége est à Berlin. Ce comité
formé de 24 membres choisis par la société elle même, est
composé d'hommes éminents du royaume. Placée sous la
protection de LL. MM., elle a pris pour devise : *Militi pro
Rege et Patriâ vulnerato.*

Le docteur Évans affirme que les secours de toute nature, prodigués aux malades pendant la guerre d'Amérique, ont conservé aux États-Unis, un nombre de défenseurs représentant une armée de 100,000 hommes.

Les évacuations de malades sont indispensables, c'est le seul moyen d'éviter les épidémies engendrées par les grandes réunions de malades et de blessés ; les chemins de fer offrent de grandes facilités pour les transports de ce genre. Les patients y sont bien moins cahotés que dans les voitures ordinaires ; le trajet étant plus rapide, ils souffrent moins et l'on peut les répartir facilement sur une grande étendue de pays. En 1859, les Français et les Autrichiens évacuèrent la plus grande partie de leurs malades, par chemin de fer.

En 1866, les Prussiens répartirent facilement 10,000 malades sur trente hôpitaux.

De toutes les circonstances où les chemins de fer peuvent être utilisés, il n'en est point de plus remarquable. Appelés au début des hostilités, à transporter des troupes et du matériel de guerre, ils ne tardent pas à rendre des services plus grands encore, et tels que, ne fussent-ils employés qu'à fournir aux armées des médicaments, des vivres, et à évacuer des malades, il faudrait encore les regarder comme l'un des instruments les plus puissants que l'on puisse confier aux mains d'un général.

Les chemins de fer offrent de grandes ressources pour le transport des prisonniers et leur répartition dans les résidences qui leur sont assignées. En 1866, les chemins de fer de la Bohême et de la Prusse transportèrent ainsi 25,000 prisonniers de tout grade.

Les officiers, envoyés en reconnaissance ou chargés de porter des ordres, pourront dans maintes circonstances voyager en chemin de fer. Dans la guerre d'Amérique, le comte de Paris et le duc de Chartres attachés à l'état-major de Mac-Clellan, firent sur une locomotive une reconnaissance hardie au-delà du Potomac.

On est généralement d'accord pour reconnaître que les chemins de fer sont éminemment propres à faciliter la défense des côtes. C'est une conséquence naturelle des ressources qu'ils procurent pour transporter rapidement des forces sur un point menacé d'un débarquement. « La vapeur « des rails-ways, dit le général Remond, repousse « la vapeur des steamers ; il y a pour le moins « compensation dans les progrès de la guerre de « terre et ceux de mer, qu'on doit attribuer à la « vapeur. »

III

Les chemins de fer ne rendront, pendant la guerre, tous les services que l'on est en droit d'en attendre, que si leur tracé et leur organisation satisfont à certaines conditions essentielles.

Lorsqu'une ligne de chemins de fer passe dans le voisinage d'une place forte, certains gouvernements ont exigé que cette ligne contournât la place forte au lieu d'y pénétrer. C'est une faute; « en traversant la place forte, dit le colonel Brial- « mont, la voie sera mieux battue et l'ennemi « éprouvera plus de difficultés à la détourner (en « lui faisant décrire une courbe autour de la place « hors de portée de canon)[1].

---

[1] La rapidité avec laquelle on peut construire des chemins de fer provisoires, démontre la possibilité de tourner une place. « Les troupes américaines, dit VIGO ROUSSILLON, « ne se bornaient pas à réparer les rails-ways détruits, elles « en construisaient *de nouveaux très rapidement suivant* « *les besoins*. Ceux-ci, véritables chemins militaires appar- « tenaient à cette catégorie de chemins appelés en Amérique « *surface rail-road*, parce que l'on se borne à établir les « rails sur le sol naturel, en évitant les remblais et les « tranchées, mais en acceptant d'assez fortes pentes. Pour « construire ces chemins de fer, on exécute un nivellement « préparatoire et on jalonne la route au moyen de poteaux « distants de 60 mètres. On entreprend ensuite le travail « par sections de 200 à 300 mètres, que l'on entame à la fois « par les deux bouts. Le sol est alors défriché et nivelé « grossièrement. Les bois destinés aux traverses sont abat- « tus, à peu près équarris et placés sur le sol perpendicu-

« Les gares seront à l'intérieur, ce qui facili-
« tera l'embarquement des troupes et soustraira
« le matériel roulant aux coups de main de l'as-
« siégeant. »

Le tracé des chemins de fer sera autant que

« lairement au tracé, à environ un pied l'un de l'autre. Ce
« rapprochement inusité est la source d'une solidité suffi-
« sante. »

On pourrait employer aussi, pour un tracé provisoire,
le matériel du camp de Châlons, ou tout autre analogue.
Voici d'après BODY en quoi consiste le système dont il s'agit :
(*fig.* 1.) Les rails sont à large empâtement, pas de traverses.
Chaque rail est long de trois mètres, il est fait d'acier, pèse
18 kilogrammes par mètre courant, porte deux tringles de
fer et une paire d'éclisses. On peut poser un kilomètre de
voie en trois ou quatre heures. Le mètre courant ne coûte
que 25 francs.

Figure 1.

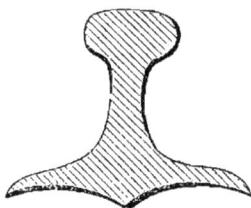

On lit dans la *Revue des Deux Mondes* du 1er novembre :
« au mois de mars, les travailleurs du Central-Pacifique
« avaient posé dans un seul jour dix kilomètres de rails —
« sur un point de cette ligne on parvint à poser 240 pieds
« de rails en 80 secondes.
   « Un train contenant 2 milles (3200 mètres) de rails, soit
« 210 tonneaux en fer, fut déchargé par une escouade de
« chinois en 9 minutes et 37 secondes. Les premiers 6 milles
« de rails furent posés en 6 heures 42 minutes. »

Du 17 août au 23 septembre, les 1re et 4e subdivisions
prussiennes des chemins de fer de campagne (Feldeisen-
bahn-Abtheilungen) construisirent une voie ferrée de 35 à
40 kilomètres pour contourner le camp retranché de Metz.

possible en ligne droite aux abords des places; on évitera que des tranchées ou des remblais ne créent des abris pour l'ennemi.

Les voies auront partout la même largeur, afin que les waggons et les locomotives puissent passer d'une ligne sur une autre. Ainsi, il est regrettable que la ligne d'Anvers à Gand ait été concédée avec l'autorisation d'y donner à la voie une largeur moindre que celle qui est adoptée tant par l'État que par les compagnies concessionnaires [1]. « On doit faire de l'égalité parfaite de la voie sur « tous les chemins de fer, une condition absolue; « car le moindre embranchement peut, dans cer- « tains cas, prendre une grande importance mi- « litaire. » (PÖNITZ.)

Pour que le matériel roulant puisse circuler sur toutes les lignes avec facilité, il faut, outre une largeur uniforme de voie, un égal écartement des tampons, un espacement convenable des essieux, afin que les voitures puissent franchir les courbes, une largeur suffisante des cercles de roue, un profil des waggons en rapport avec celui des ouvrages d'art [2].

[1] La largeur des voies est généralement de 1m44 dans toute l'Europe centrale. En Russie, elle est de 1m52 ; en Angleterre, certaines voies ont jusqu'à 2m13 d'écartement entre les rails, tel est le cas pour le Great-Western-railway. Les chemins de fer des États-Unis ont une largeur de voie de 1m725.

[2] Le général Mac-Callum, assure que toutes les destructions de lignes et de matériel, effectuées pendant la guerre, n'ont pas été plus nuisibles à l'armée américaine, que le manque de principes uniformes dans la création des lignes et dans la construction des machines et des voitures.

Enfin, pour avoir la certitude de charger et de décharger promptement le matériel, chevaux et voitures, il est indispensable :

1° Que les panneaux des petits côtés des waggons puissent se rabattre ;

2° Que le bord supérieur des tampons soit de niveau avec le bord inférieur du plancher ;

3° Que la longueur des tampons corresponde à celle des panneaux à rabattre. (*fig*. 2).

Figure 2

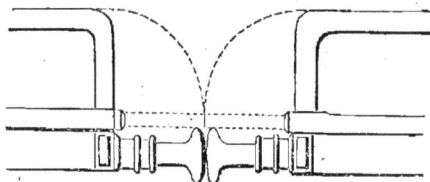

En rabattant les panneaux, on obtient un pont continu qui relie les waggons entre eux, on peut faire rouler les voitures et marcher les chevaux depuis la rampe jusqu'au dernier waggon et réciproquement.

Les transports ne peuvent être rapides que sur les chemins de fer à deux voies : « Sur de semblables lignes, le nombre des trains que l'on peut mettre en mouvement, n'a d'autres limites que les ressources en personnel et en matériel, l'abondance des stations à eau, l'espace et le temps nécessaires pour rassembler les moyens de transport, charger et décharger les voitures. » Transporté de Vérone à Milan, en 1859,

sur une ligne à une seule voie, le corps de Clam
Gallas mit, d'après un auteur prussien, trois fois
plus de temps à faire ce trajet, qu'il n'en eût fallu
sur un chemin de fer à deux voies.

Si les chemins de fer n'ont qu'une voie, les
croisements ne sont possibles qu'aux stations; les
trains doivent s'attendre, et cet arrêt est d'autant
plus long, que les stations sont plus éloignées
l'une de l'autre. Dans tous les cas, les chemins de
fer ne rendront tous les services dont ils sont ca-
pables, que si une ligne télégraphique relie entre
elles toutes les stations. Mac Callum, qui a acquis
une si grande expérience dans tout ce qui a rapport à l'emploi des chemins de fer, disait : « avec
« l'aide intelligent du télégraphe, un chemin de
« fer à une voie peut rendre plus de services et
« avoir moins d'accidents qu'un chemin de fer à
« deux voies qui serait dépourvu de ce merveil-
« leux appareil. »

Embarquer les troupes, les débarquer, constitue
toujours une opération assez longue et même
parfois difficile. Un règlement judicieux et clair
assignera donc à chaque officier, sous-officier et
soldat, à tout employé du chemin de fer, les
fonctions, les devoirs qui leur incombent dans
l'embarquement et le débarquement.

Les gares seront spacieuses et pourvues de nombreux quais d'embarquement et de voies de garage.

Sur toutes les lignes, il est indispensable qu'il
se trouve, des châteaux-d'eau, des grues hydrauliques, et des réserves de combustible en nombre
suffisant.

3

Plus les voitures du chemin de fer pourront recevoir d'hommes et de chevaux, tout en satisfaisant aux conditions techniques indispensables, plus les transports seront faciles; le poids mort est moindre, l'effectif transporté par un train plus considérable. Dans un article de la *Revue des Deux Mondes* (1866), Gregory réclame la construction d'une voiture qui puisse transporter 150 hommes. Body donne le dessin de cette voiture; elle est à deux étages, l'intérieur contient 80 places, et l'impériale 70. Comme 500 voitures (soit 25 trains), suffiront à transporter 75,000 hommes, on ne sera pas loin d'effectuer en un ou deux jours, des mouvements de troupes qui en demandent encore huit ou dix aujourd'hui.

Ces diverses conditions étant remplies, les chemins de fer seront organisés pour rendre d'immenses services en temps de guerre: on aura entre les mains une arme puissante; reste à l'autorité militaire à la manier avec habileté. Pour cela, il faut qu'en cas de guerre, tout pouvoir sur les voies ferrées soit remis entre les mains de l'état-major de l'armée, et ce pouvoir ne sera vigoureusement et habilement exercé, que si déjà en temps de paix, les officiers ont été initiés à tout ce qui concerne le service des voies ferrées.

La remise des chemins de fer à l'autorité militaire doit être absolue, et comprendre aussi bien les voies ferrées de l'État que les chemins de fer concédés[1]. La conséquence de l'adoption de ce sys-

[1] « La condition la plus essentielle, dit Pönitz, c'est que

tème serait naturellement la suppression de tous les trains publics, aussi longtemps que l'intérêt de l'armée l'exigerait.

En 1862, le président des États-Unis confia au général Mac-Callum, une autorité sans bornes sur tous les chemins de fer de la République. Je ne sais si en Belgique une pareille mesure serait possible, et cependant elle est indispensable. Pour les chemins de fer de l'État, il n'y aurait pas grande difficulté, mais il est probable que les compagnies s'y opposeraient de toutes leurs forces. Cette opposition de leur part, serait-elle rationnelle, judicieuse? En temps de guerre, plus de commerce intérieur ni extérieur, plus de transit, donc au point de vue des recettes, les compagnies ne perdraient rien si l'autorité militaire prenait la direction générale entre les mains et si elle supprimait momentanément la circulation sur les voies dont elles sont concessionnaires. Mais admettons même qu'il en résulte des pertes pour les compagnies ; l'intérêt général ne doit-il pas primer l'intérêt privé? Et n'est-il pas juste que, le pays tout entier supportant des pertes de tout genre et bien plus considérables, les compagnies de chemins de fer en supportent aussi de leur côté?

« le cas échéant, on reconnaisse en réalité aux autorités
« militaires, le droit de faire usage de tous les chemins de
« fer, tant de ceux établis aux frais de l'Etat, que de ceux
« des compagnies. Ce droit ne doit pas être entravé par des
« restrictions gênantes. »

En Prusse et en France, les cahiers des charges donnent au gouvernement le droit de suspendre le service public, et de mettre à la disposition de l'armée tous les moyens de transport. La France n'a jamais fait usage de cette prérogative, il est probable qu'elle ne sera pas toujours aussi réservée; la Prusse s'en est prévalu dans la dernière guerre, et en Italie, vers la fin d'avril 1866, le service public fut suspendu pendant plusieurs jours.

D'après ce qui précède, on voit que l'intérêt militaire est d'accord avec les besoins du commerce[1] pour réclamer la reprise par l'État de tous les chemins de fer concédés[2].

[1] Rapports des chambres de commerce de Mons, Namur, etc....., en 1869.

[2] Ceci a été écrit en 1869; depuis cette époque, l'État a fait un pas décisif en reprenant la plus grande partie des lignes de la Société générale d'exploitation.

Je crois inutile de faire remarquer que dans la guerre de 1870-1871, les trains publics ont été fréquemment supprimés en France et en Prusse.

IV

DESTRUCTION, MISE HORS D'USAGE DES VOIES FERRÉES

L'utilité incontestable des chemins de fer, les avantages qu'en retire celui qui peut baser, avec sécurité, ses mouvements sur leur emploi, font que les belligérants poursuivent naturellement deux buts :

1° Conserver exclusivement pour eux ces importants moyens de communication ;

2° Ravir à l'ennemi la possibilité de faire usage de ses propres lignes.

Nous pouvons interdire à l'ennemi l'usage de nos voies ferrées, soit en détruisant ces voies, soit en les défendant par des colonnes mobiles ou par des fortifications. On peut employer le premier moyen partout, mais il présente l'inconvénient de barrer nos voies ferrées aussi bien à nos troupes pour le cas d'un prompt retour offensif, d'une diversion, etc., qu'à celles de l'ennemi : le second, à cause des dépenses en argent et en hommes qu'il exige, n'est admissible que dans des cas assez rares : on n'emploiera donc les fortifications que sur des points très importants et qui se prêtent à une défense facile.

C'est une question très grave et très délicate,
de décider sur quelles lignes et en quels points
de ces lignes, on doit interrompre la voie. Dans
telle direction, on espérait au début des hostilités,
n'avoir rien à redouter, on a laissé la voie libre,
et c'est précisément là que l'ennemi a porté ses
coups les plus vigoureux ; dans telle autre, on a
détruit des ouvrages d'art, parce que l'on craignait que l'ennemi ne s'avançât de ce côté et que
dans tous les cas, on avait jugé cette ligne inutile
pour soi-même ; dans telle autre encore, il ne
fallait qu'un retard de quelques heures pour être
à couvert de l'ennemi et l'on a fait sauter un
pont, un viaduc, tandis que l'enlèvement de quelques rails, l'éboulement de rocs ou de terre dans
une tranchée auraient suffi.

N'a-t-on pas vu en 1866, les Saxons incendier
le beau pont de Riesa, afin de couvrir leur retraite en Bohême? Il s'agissait pour eux de gagner quelques heures, ils auraient atteint ce but
en enlevant deux ou trois cents mètres de voie,
au lieu de cela, ils ont détruit une œuvre d'art
dont la construction avait coûté des sommes considérables[1].

Avant d'ordonner la destruction d'une voie
ferrée, il y aura donc à considérer :

1° Si la destruction est nécessaire ;

---

[1] Funeste résolution, dit le général de Moltke, « qui n'a-
« vait d'autre résultat que de causer une perte considérable,
« sans procurer en compensation aucun avantage militaire. »
Rüstow, Börbstædt, sont du même avis.

2° Si les avantages qu'on en retire sont une compensation suffisante du dommage causé.

3° Si la voie nous est inutile pour nos mouvements ultérieurs.

La destruction d'une voie ferrée pouvant avoir une grande influence sur les résultats d'une guerre, il est indispensable de procéder avec prudence, et de ne pas ordonner sans réflexion, l'incendie, la destruction des ouvrages d'art, lorsqu'une dégradation de peu d'importance suffirait; mais si la prudence est nécessaire, la fermeté dans les décisions l'est encore plus; il n'y a point à hésiter, si les éventualités de la guerre le réclament, à bouleverser même toute une ligne.

Pour éviter toute perte de temps, pour agir à coup sûr, « on préparera avant une invasion, un « projet comprenant tous les préparatifs pour « la destruction des ponts et viaducs et pour « d'autres moyens de fermer la ligne, en vue « d'empêcher l'ennemi de se servir de nos che- « mins de fer [1]. »

Les premières destructions se feront généralement près de la frontière et autant que possible à la jonction de deux lignes. Un seul système de destruction arrête ainsi la circulation sur deux directions différentes. Je citerai comme étant dans ce cas, les points suivants : Mouscron, Tournai, Erquelines, Autel-Bas (en avant d'Arlon), etc. Les dégradations à la frontière devront

---

[1] Extrait des *Professional papers*.— Article rédigé par le capitaine du génie Webber.

être simples et faciles à exécuter; il en sera surtout ainsi, si l'on a à craindre une invasion sou-
daine. Pendant que l'ennemi réparera les premières dégradations, on aura le temps d'en préparer de plus importantes en arrière.

En fait de destructions, *il est de règle absolue
de ne jamais hésiter à faire sauter un pont, un
viaduc, lorsque la ligne sur laquelle ils se trou-
vent, est la seule à suivre par l'ennemi pour
franchir un défilé qu'il ne peut tourner.*

Si l'on veut interrompre pour longtemps une
voie ferrée, on échelonnera sur cette ligne une
série de destructions. De Reichenberg à Josephstadt, par exemple, les Autrichiens avaient : près
de Reichenberg, enlevé les rails, près de Liebenau, fait ébouler dans une tranchée une grande
masse de rochers, plus loin, enlevé les rails sur
différents points, près de Schurz, en avant de
Josephstadt, fait sauter un viaduc.

Une mesure indispensable, complémentaire de
la destruction des voies ferrées, consiste à enlever à l'ennemi la possibilité de se servir de notre
matériel roulant et de traction, (waggons et locomotives), soit en évacuant ce matériel, soit en
le mettant hors d'usage. Le premier moyen est
évidemment préférable; si la largeur de la voie
de notre réseau différait de celle des chemins de
fer de l'ennemi, l'évacuation du matériel suffirait
même à elle seule pour que l'agresseur ne pût se
servir de nos rails-ways[1].

[1] Au point de vue de la défensive absolue, cette différence

Comme il n'en est pas ainsi, nous devrons retirer en temps opportun notre matériel roulant
vers la position centrale d'Anvers. On y utilisera
les voitures de tout genre pour le logement des
hommes.

Un double problème se présente : déterminer
l'instant précis de l'évacuation et organiser les
trains ; établir des voies de garage en nombre
suffisant pour recevoir les milliers de voitures
dont se compose le matériel de l'État et des compagnies. A l'état-major de l'armée, aidé du puissant concours des ingénieurs des chemins de fer,
en appartient la solution. Je rappellerai à ce propos, deux faits récents. En 1866, le 17 juin, donc
8 jours avant Custozza, l'Archiduc Albert or-
donna de retirer sous les murs de Vérone et de
Venise, tout le matériel roulant des chemins de
fer de la Vénétie. On sait combien ce matériel lui
fut utile, surtout pour les mouvements de troupes
vers le Nord après Sadowa.

La même année, sur un autre théâtre d'opérations, un autre général autrichien négligea de
faire évacuer le matériel considérable réuni à
Prague. Les Prussiens s'en emparèrent le 8 juillet et l'utilisèrent immédiatement.

Lorsque l'évacuation du matériel est impos-

de largeur de voie (adoptée en Russie et en Espagne), est un
dispositif avantageux. Il n'en est évidemment pas ainsi au
point de vue industriel et commercial, ni au point de vue de
la défensive offensive, vraie et seule défensive qui puisse
conduire au succès.

sible, ou lorsqu'on a négligé de la faire, il reste encore une ressource, c'est de mettre ce matériel hors d'usage. Cette mise hors d'usage peut ne consister que dans l'enlèvement ou la destruction de quelques pièces ou dans une destruction complète des voitures.

Les moyens les plus simples de mettre un waggon hors d'usage, sont de détruire les boîtes à graisse, d'enlever les écrous des boulons à brides qui relient le fond au corps de la boîte et qui fixent en même temps la boîte sous le ressort[1]. de briser les têtes de ces boulons, d'enlever les plaques de garde, les chaînes d'attelage, les tendeurs, de briser les freins, etc., etc.

Basson recommande de scier les longerons, les traverses et les croix de St André qui forment les cadres; l'ouvrage officiel autrichien sur *les chemins de fer au point de vue militaire*, donne les mêmes prescriptions.

Pour mettre hors d'usage une locomotive, on enlève les fonds de cylindre, la tige du piston, le piston, la bielle; on fait sauter les tubes bouilleurs. On s'attaque aux appareils de sûreté ou indicateurs, soupape, niveau d'eau, manomètre, etc., qu'il est très facile de dégrader au point de ne pouvoir s'en servir.

---

[1] On sait qu'il existe différentes espèces de boîtes dites à graisse, à huile, à eau, etc., Le mode de destruction sera à peu près le même dans tous les cas. Il suffit de jeter un coup d'œil attentif sur une voiture de chemin de fer, pour s'en convaincre.

Il peut arriver que l'on soit forcé d'en venir à une destruction complète. On remplit alors les waggons de matières combustibles, pétrole, huile, paille, etc., et on y met le feu, on fait sauter les chaudières des locomotives. Les Américains employaient des moyens plus expéditifs encore ; ils précipitaient leurs trains à toute vapeur dans un fleuve ou du haut d'un viaduc rompu ; d'autres fois ils chargeaient de munitions deux trains qu'ils lançaient l'un contre l'autre ; le choc amenait une explosion et un incendie qui détruisaient tout.

La destruction de la voie comprend l'enlèvement des rails et des accessoires de la voie, le comblement des tranchées, le bouleversement des remblais, la rupture des ponts, pontceaux, viaducs, etc., le barrage ou la destruction des tunnels.

Lorsqu'on se contente d'enlever les rails pour interdire à l'ennemi l'usage d'une ligne ferrée, cette opération doit se faire sur une grande longueur et sur les deux voies, sans cela, la réparation serait facile et rapide. On emporte rails, coussinets, éclisses, traverses, etc., que l'on charge sur des trains organisés dans ce but.

Quand les moyens de transport font défaut, on peut :

A. Enterrer les rails à une grande profondeur : Si l'on se contentait de les recouvrir de terre, la pluie les découvrirait bientôt, ainsi qu'il est arrivé au matériel des Autrichiens en Bohême.

Jeter les rails dans une rivière, dans un étang, etc.

B. Amonceler rails et traverses et y mettre le feu. Les rails sont tellement déformés que l'on ne peut plus s'en servir sans un nouveau laminage. Cette mise hors d'usage a été fréquemment employée par les Américains.

Il est encore possible de déformer les rails en les courbant à bras d'hommes. Les Américains faisaient une profonde entaille dans un tronc d'arbre, y engageaient l'extrémité d'un rail et pesaient de toutes leurs forces à l'autre extrémité ; en quelques minutes le rail était hors d'usage [1].

D'autres fois, on laisse tomber le rail de quelques mètres de hauteur sur des blocs de bois ou de pierre distants l'un de l'autre d'un peu moins que la longueur du rail : la courbure produite par cette chute est suffisante pour le mettre hors d'usage.

Le démantèlement des rails-ways est un travail difficile pour des hommes qui ne l'ont jamais fait, il ne l'est nullement pour les ouvriers qui en ont l'habitude et qui sont munis des outils nécessaires ; il serait donc utile d'y exercer un certain nombre d'hommes par *compagnie*, par *escadron* et par *batterie*, et de faire acquérir aux troupes du génie une grande habileté dans tout ce qui concerne la destruction et la réfection de la voie.

On ne négligera point de détruire les accessoires de la voie, tels que croisements et changements, ou du moins d'enlever les pièces principales,

[1] Cité par BODY.

cœurs, aiguilles, contre-rails, etc. On met hors d'usage les plaques tournantes, on détruit les châteaux d'eau, les grues hydrauliques; dans une contrée où l'eau est rare, cette dernière mesure suffit quelquefois pour arrêter toute circulation et, dans tous les cas, elle la rend très difficile[1] : On brise ou on démonte les signaux et les appareils de transmission, les sonneries et trembleurs électriques, les fils télégraphiques, les piles, etc.

Lorsqu'on démonte un signal ou un appareil quelconque, les pièces sont autant que possible numérotées avec soin, afin de pouvoir faire rapidement les réparations en cas de besoin.

L'enlèvement des accessoires de la voie doit avoir lieu sur toute la ligne, et surtout aux stations où du reste il s'en trouve toujours un grand nombre : on aura soin de n'abandonner aucune réserve de rails ni de traverses, dont l'ennemi se servirait pour réparer les dégradations.

Le comblement des tranchées est un des meilleurs moyens d'interruption; on ne détruit aucun élément essentiel de la voie, ce travail est presque toujours facile et enfin le déblai exige beaucoup de temps.

[1] Dans la dernière guerre d'Allemagne, le manque d'eau fut souvent un obstacle aux mouvements par chemin de fer. Il y a telles de nos lignes sur lesquelles la destruction des réservoirs d'eau aurait une haute importance. Il en serait ainsi pour la ligne de Pepinster à Gouvy exploitée par l'Est français. Les rampes y sont très fortes, les machines y dépensent donc beaucoup de vapeur, et il est très difficile de s'y procurer de l'eau.

Les mines sont le moyen le plus expéditif; si
la tranchée est taillée dans un sol ordinaire, les
fourneaux de mine sont disposés comme l'indique la *fig.* 3. Sur la ligne de Braine-le-Comte à
Namur, on trouve entre Braine et Écaussines une
tranchée profonde avec mur de soutènement des
deux côtés, ce serait le cas d'employer des mines
au pied de ces murs.

Figure 3.

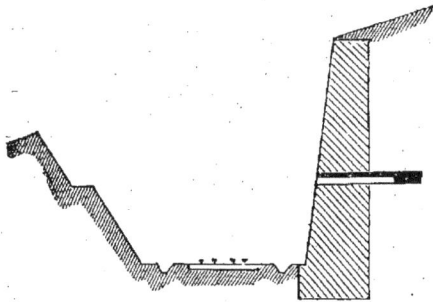

La tranchée est-elle taillée dans le roc, on établit des fourneaux, ou des pétards vers le haut
des talus. Enlever de la voie la masse de rochers
qui y sera amoncelée, est toujours un travail long
et difficile (*fig.* 4). « En 1866, les Autrichiens
« firent sauter les rochers qui bordent la voie
« entre Liebenau et Sichzau (route de Reichen-
« berg à Josephstadt). Celle-ci fut encom-
« brée sur une longueur d'environ 80 mètres et
« sur une hauteur de 2 1/2 mètres. Il fallut
« rompre les rochers à la mine et les enlever sur

« des trucks. Ce travail marcha rapidement eu
« égard à son importance, mais on dut cependant
« y employer 12 heures[1]. »

Figure 4.

Nombre de nos lignes ferrées traversent des
bancs de rochers; nous aurons donc fréquemment
recours à ce mode d'interruption.

Le bouleversement des remblais, exécuté à la
main ou par la mine demande toujours beaucoup
de temps; cette dégradation est en général de
moins d'importance que la précédente et le rétablissement de la voie est assez facile. Il faut en
excepter le cas où une ligne traverse des prairies
ou des terrains marécageux, la destruction des
remblais est alors très avantageuse; l'ennemi est
obligé de prendre les terres à grande distance et
de les amener en suivant la voie ferrée; le cas
serait encore le même sur des points où pour un

[1] Capitaine WEBBER.

motif quelconque, le remblai serait maintenu par des murs de soutènement.

La rupture des ponts, pontceaux, viaducs peut causer, suivant les dimensions de ces constructions, des obstacles plus ou moins importants, mais, à part les cas d'urgence, l'on ne se résoudra que comme pis-aller à la destruction de ces travaux d'art.

Le mode de dégradation varie suivant la construction des ponts ou viaducs, qui sont entièrement de maçonnerie, ou de maçonnerie et fer, ou de maçonnerie et bois.

Sur les ponts de bois ou de fer, une première mise hors d'usage consiste à enlever les rails ; comme la pose de la voie y est faite dans des conditions spéciales, la réparation sera assez difficile.

Pour détruire les ponts de maçonnerie, on se sert de fourneaux de mine. Il est utile que les chambres de mine soient préparées en temps de paix ou même pendant la construction[1], et que l'on tienne toujours disponible la quantité de poudre nécessaire pour produire une dégradation

[1] En France, en Autriche, toutes les culées des ponts de chemin de fer ont des chambres de mine. Il est à regretter qu'il n'en soit pas ainsi en Belgique. A cet égard, le contraste avec la France est assez curieux ; voici un fait remarquable : la nouvelle ligne qui de Comines va à Armentières, passe la Lys en un point où cette rivière forme la limite des deux États, or dans la culée française du pont établi sur cette rivière, on a pratiqué des chambres de mine, dans la culée belge, rien.

déterminée. Comme il ne serait guère possible de conserver cette poudre près des ponts à détruire, on déposerait à Namur, à Liége, à Diest, etc., dans un emplacement spécial, des barils étiquetés, portant la désignation de la quantité de poudre qu'ils contiennent et le nom du pont ou de tout autre ouvrage d'art, à la destruction duquel elle doit servir.

La destruction d'un ouvrage d'art important ne peut être confiée qu'à un officier : il est nécessaire que celui qui en sera chargé, reçoive en temps de paix des instructions qui le mettent à même de remplir parfaitement sa mission.

Lorsque les chambres de mine n'ont pas été ménagées en construisant le pont, ou lorsqu'on n'a pas eu le temps de les pratiquer depuis la construction, on fait éclater de fortes charges de poudre sous les voûtes des arches principales. (*Voir* pour plus de détails, LAISNÉ, *Aide-mémoire de l'officier du génie*, pages 356, 411 et suiv.)

Beaucoup de ponts ou de viaducs se composent d'un tablier supporté par des arcs ou par des longerons de tôle ou de fonte, sur piles et culées en maçonnerie. Si l'on veut détruire ces ponts par la mine, il est nécessaire d'employer des charges très fortes, sans cela, la rigidité, la force de la construction métallique sont souvent telles que celle-ci en retombant ne serait pas complétement détruite, et que l'ennemi l'utiliserait comme support pour rétablir le passage. Le cas s'est présenté en 1866 près de Lieblitz, Beschitz et

4

Oderberg. Basson recommande d'enlever les traverses ou entretoises; le moyen est sûr, mais le travail assez long, car ces traverses sont presque toujours fortement rivées. Il est souvent possible d'enlever complétement le tablier métallique d'un pont : tel est le cas par exemple pour des ponts formés de poutres horizontales (*fig.* 5). On soulève les extrémités au moyen de crics qui prennent appui sur la maçonnerie; on pose en dessous des traverses extrêmes AB, des cylindres de fer (m. n. o. p.) de 10 à 15 centimètres de diamètre sur 50 environ de longueur. On renverse les dés de maçonnerie ou de pierre de

Figure 5.

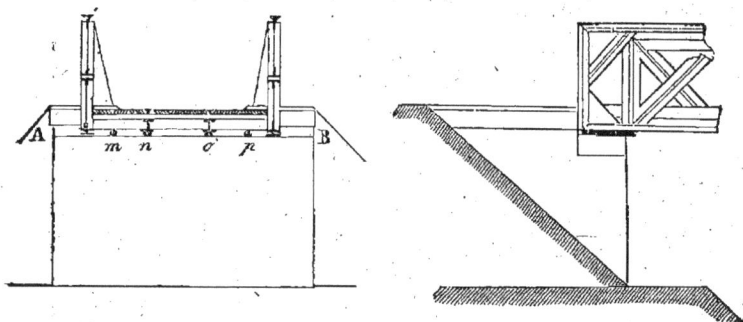

taille qui forment l'encastrement des extrémités, puis on fait glisser tout le pont latéralement, soit au moyen de crics posés horizontalement, soit au moyen de chevaux, de treuils, etc. On a ainsi l'avantage de faire tomber la construction métallique entièrement en dehors de l'axe primitif du pont.

Toutefois, en même temps que l'on fait ce travail on creuse dans les culées des chambres de mine; ces deux opérations marchent simultanément, si l'une ne réussit pas, l'autre offre une dernière ressource.

Figure 6.

Coupe suivant A B   Coupe suivant C D

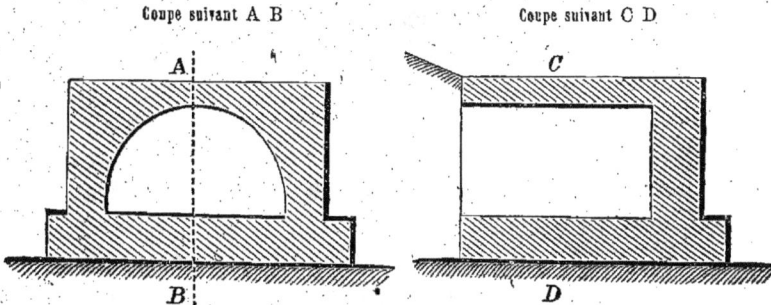

S'agit-il d'interrompre le passage sur un pont tournant, on met l'axe de ce pont dans une direction parallèle au cours d'eau, puis on fait sauter des pétards sous le pivot. Quelquefois ce travail est très difficile, surtout lorsque le pivot repose sur une pile en pierre de taille; d'autres fois il sera très simple, si par exemple le pivot repose sur une pile-culée en voûte (*fig.* 6). Il est impossible de déterminer *a priori*, quel est le meilleur système de destruction : dans chaque circonstance, on examinera avec soin la partie métallique et la maçonnerie du pont à détruire et on prendra une décision d'après cet examen.

Le moyen le plus expéditif de détruire les

ponts de bois, c'est d'y mettre le feu. Les Saxons incendièrent le pont de Riesa, les Autrichiens ceux de Lundenbourg sur les lignes de Brünn et de Vienne. En Amérique, le bois entre dans la construction de presque tous les ponts : durant la guerre de la Sécession, c'est à l'incendie que les belligérants eurent recours pour les détruire.

« Ils recouvraient les charpentes de fascines, « y versaient quelques tonneaux de goudron (ou « de pétrole) et y mettaient le feu. » C'est ainsi que fut détruit le pont de 400 pieds sur lequel le chemin de fer de Richmond à Washington franchissait le Potomac.

Un moyen employé pendant la guerre d'Allemagne consiste à scier quelques-unes des principales poutres ; on a ainsi le double avantage d'interrompre la circulation et d'exposer à un péril imminent l'ennemi qui se hasarderait sur le pont avant de l'avoir reconnu avec soin.

« Entre Nörten et Göttingen, les Hanovriens « avaient scié par le milieu les trois poutres « composant la charpente d'un pont de 3m35. « Les Prussiens n'échappèrent au danger que « courait un train de travailleurs, que grâce aux « avis donnés par les gardes-voies. »

Il est aussi très facile de faire sauter un pont de bois, il suffit de quelques barils de poudre sous le tablier.

Détruire les pontceaux, c'est une perte de temps et d'argent presque toujours inutile; la réparation est trop facile.

Il ne faut pas se faire illusion sur le retard qu'éprouve la marche de l'ennemi par suite de la destruction de ponts ou de viaducs, etc. L'art de les réparer, de rétablir les communications rompues est poussé très loin[1]. En temps de guerre ces sortes de travaux marchent très rapidement. La cause en est simple : pendant la paix, on cherche à donner à tous les ouvrages une grande stabilité et une perfection qui les mette à même de résister longtemps à un roulement presque continu; en temps de guerre, au contraire, on va au plus pressé, on se borne au strict nécessaire, une foule de constructions ne sont que provisoires ; pourvu que l'on puisse passer sans danger c'est tout ce que l'on demande dans les premiers moments de l'exploitation.

« Quand on jette un coup d'œil d'ensemble sur « les opérations des divisions de chemins de fer « prussiennes, on est étonné de la rapidité avec « laquelle elles ont réparé des lignes parsemées « d'obstacles et des ouvrages d'art considérables. « On n'a pas mis plus de temps pour les recon- « struire qu'il n'en avait fallu pour les détruire. »

La même observation avait été faite à propos de la guerre d'Amérique. « Les communications, « dit le quartier-maître général, étaient rétablies « presqu'aussitôt que rompues. »

En France, on a expérimenté la travée Poli-

---

[1] « La construction des ponts est l'un des arts poussés à « la plus grande perfection pendant la dernière guerre « civile. » (*Engineering*).

gnac, au moyen de laquelle on remplace rapidement un pont, un viaduc. Construite pour franchir un espace de 20 mètres, cette travée pèse 25,000 kilogrammes, y compris les rails; elle ne coûte que 270 francs le mètre courant et peut être montée en 3 heures. On comprend quels avantages une armée peut retirer de l'emploi de ce système, et combien telles dégradations en apparence très graves, perdent de leur importance en présence d'un pareil engin.

Dans toute la guerre d'Allemagne, dans la guerre de la Sécession, le rétablissement des ponts et de la voie fut très rapide.

Le pont de Riesa incendié par les Saxons, fut rendu à la circulation en trois jours.

En juin, les Hanovriens avaient détruit un pont métallique de 5ᵐ35 d'ouverture, jeté sur le Hollgrundbach, entre Munden et Cassel. Trente heures de travail suffirent pour rétablir le passage.

Au pont d'Oderberg, les Autrichiens détruisirent une des piles et les deux arches adjacentes, chacune de 17ᵐ65 de portée; en trois jours on répara le tout.

Le pont de Schönbrünn, sur l'Oder, comprend neuf travées de 20 mètres chacune, franchies au moyen de poutres en tôle. Les Autrichiens avaient fait sauter une des piles, les deux travées voisines ne tenaient plus. On rétablit le passage en un jour et demi.

En Amérique, un pont de 190 mètres de longueur sur 10ᵐ66 de hauteur fut reconstruit en 19 *heures* de travail effectif.

Le pont sur lequel le chemin de fer de Cleveland à Atlanta traverse l'Etowah, pont de 200 mètres environ de longueur sur 25 de hauteur, fut brûlé par les confédérés, 600 hommes du corps de construction des fédéraux le rétablirent en six jours.

Sur la même ligne, le pont du Chattaochee, long de 237 mètres et haut de 28, fut réparé en quatre jours et demi.

Effectuée sur une grande longueur, la destruction des tunnels est un des obstacles les plus puissants à la circulation. Toutefois, dit Basson, il faut avoir égard à la situation du tunnel et voir s'il ne peut être contourné au moyen d'un tronçon de ligne, dût-on même gravir une pente assez forte[1].

En déterminant la charge de poudre, on aura égard à la cohésion du sol au dessus du tunnel, car, cette cohésion pourrait être telle, qu'après l'explosion de la mine, le terrain se soutînt de lui-même et qu'un rapide déblaiement suffît pour rétablir la circulation.

Il est presque toujours inutile de ne faire sauter que l'entrée d'un tunnel. Une galerie en charpente, facile à établir, réparerait cette dégradation.

---

[1] On rapporte que les Français ayant détruit un tunnel près de Nanteuil, les Prussiens tentèrent en vain de le réparer et qu'ils furent obligés de construire une nouvelle voie pour le contourner.

Si l'on hésite à effectuer une destruction aussi importante que celle d'un tunnel, on peut se borner à y amonceler des décombres, des arbres entrelacés, à y renverser des waggons, etc.

Il se trouve souvent dans les tunnels des cheminées que l'on a ménagées soit pour la construction, soit pour tout autre motif; on s'en sert pour jeter sur la voie des amas de pierre, de sable, etc. D'autres fois, quelques hommes sûrs seront désignés pour laisser tomber par ces cheminées des bombes chargées, au moment du passage des trains.

Un officier prussien, W. Basson, qui a écrit sur les chemins de fer en temps de guerre, une brochure remarquable, préconise pour entraver la circulation, un moyen original et digne de fixer l'attention. Voici un résumé du passage où cet écrivain expose ses idées :

« Le moyen le plus efficace pour empêcher « l'ennemi de rétablir la circulation, consiste à « l'inquiéter et à le mettre en péril pendant ses « travaux de reconstruction.

« Après avoir fait reconnaître la ligne et ré- « tabli les parties démolies, l'ennemi fait parcou- « rir la voie par un *trolly*, et c'est seulement « alors que les locomotives peuvent circuler. Que « l'on dispose dans le corps de la voie, des mines « éclatant sous une certaine pression, les trains « seront facilement détruits; pour cela, il faut « que ces mines ne fassent pas explosion au pas- « sage d'une voiture légère, mais, seulement au

« passage d'une locomotive. L'ennemi est conti-
« nuellement troublé dans son service d'exploi-
« tation, la ligne est détruite, les voitures brisées ;
« les employés toujours sur le qui-vive, n'avan-
« cent qu'en tremblant, examinant avec la plus
« grande précaution chaque rail, chaque joint,
« l'adversaire perd du temps, c'est tout ce que
« l'on demande.

   « Ces moyens de destruction, que nous appel-
« lerons *mines à frictions*, n'ont pas encore été
« employés ; on peut cependant leur prédire un
« grand succès. Je développerai donc cette idée
« avec quelques détails [1].

Figure 7.

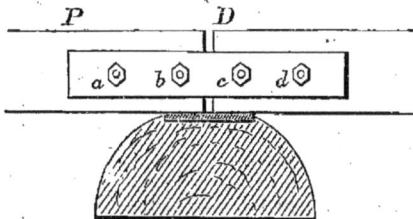

   « Que l'on examine un rail à l'instant où un
« train passe, on remarque qu'à chaque joint les
« roues éprouvent une secousse, en voici le
« motif : il y a entre deux rails consécutifs, un
« espace de deux lignes et demi, nécessaire pour
« permettre la dilatation ; dans le même but, les

[1] Dans tout cet article, il s'agit du rail Vignolles employé
en Allemagne à l'exclusion de tout autre. Les abouts de ces
rails reposent toujours sur une traverse, tandis qu'avec les
rails à coussinets, les joints sont en porte à faux.

« trous *a, b, c, d* percés dans les rails sont ovales,
« tandis que dans les éclisses ils sont circu-
« laires (*fig*. 7).

« Un waggon arrivant en *P*, le rail sur lequel
« la roue repose, s'abaisse, la roue monte en *D*
« et éprouve une secousse sur ce point.

« La force du choc contre l'extrémité du rail
« est encore augmentée en posant sur la plaque
« de joint, un tampon d'un quart de pouce d'épais-
« seur, comme l'indique la *fig*. 8. De cette façon,
« une extrémité de rail est appuyée tandis que
« l'autre qui reçoit le choc est en l'air.

Figure 8.

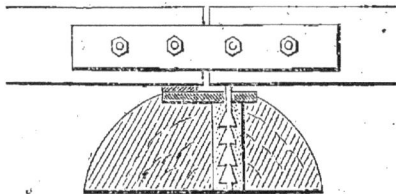

« Il est clair que le passage d'une voiture lé-
« gère n'abattra pas le rail qui par sa rigidité
« résistera au poids de cette voiture.

« L'amorce consiste en un étui de cuivre muni
« à sa partie supérieure d'une rondelle en saillie
« (*fig*. 9) : on introduit au milieu une tige den-
« telée et on remplit l'étui de poudre fulmi-
« nante : qu'un choc se produise, la poudre fait
« explosion, et communique le feu à la mine.

« Autant que faire se peut, on établit les mines
« avant le début des hostilités. On construit à

« cet effet, dans le corps de la voie, une chambre
« maçonnée destinée à recevoir la charge ; l'a-
« morce à friction est disposée dans une traverse
« placée sous le joint de deux rails.

« La mine peut être chargée sans qu'on doive
« pour cela interrompre la circulation, il suffit
« de boucher le trou pratiqué dans la traverse.
« Dès qu'on abandonne la voie, on enlève les
« rails, on ôte le bouchon, on remplit les con-
« duits de poudre et on place l'amorce. Sur la
« plaque de joint, on pose un morceau de tôle
« d'un demi pouce d'épaisseur, comme support
« provisoire du rail : on remet les rails et on re-
« tire le support. »

Figure 9.

Basson recommande d'éloigner les garde-voies
du lieu où l'on établit ces mines et de faire ces
travaux sans témoins indiscrets.

On pourrait employer sur les voies avec rails
à champignons, un système de mines analogue à

celui qui vient d'être décrit; l'amorce serait disposée sous l'extrémité d'un rail, les boulons remplacés par de faux boulons, c'est à dire par des boulons dont la tête serait la même que sur toute la ligne, mais dont la tige beaucoup plus faible, se briserait sous le poids d'une locomotive.

Lorsqu'on ne veut amener qu'un simple déraillement, il suffit de placer sous l'extrémité d'une traverse une bombe chargée, et munie d'un appareil à percussion ou à friction. Lors du passage d'une locomotive, cette bombe éclate.

L'emploi de mines telles que Basson les décrit, est toujours à l'état de projet; l'expérience n'a pas prononcé. L'idée de les mettre en œuvre, émanant d'un homme qui a acquis une grande habileté dans tout ce qui a rapport aux chemins de fer, sourit à beaucoup d'officiers. Il n'est cependant pas certain qu'on obtienne tous les résultats que l'on espère. Il arrivera de deux choses l'une : ou l'ennemi connaîtra l'emplacement de ces mines qu'on ne peut établir à la dernière minute, et alors il évitera facilement le danger; ou il ignorera cet emplacement et dans ce cas, voici comment il s'y prendra : il enverra, comme toujours, à une certaine distance en avant du premier train, un waggon léger portant un ou deux officiers chargés de reconnaître rapidement la voie; sous cette voiture la mine ne fait pas explosion, mais en avant de la locomotive il aura soin de placer quelques waggons chargés de pierres. Le train marche lentement, la mine fait

explosion et ne détruit que les waggons de tête,
la locomotive est sauve.

Pour ravir à l'ennemi cette chance de salut, il
faudrait établir plusieurs fourneaux de mine dont
le premier serait un peu en avant de l'étoupille à
friction (en avant par rapport à la marche du
train); les autres à 10 ou 15 mètres l'un de l'autre
et du premier en allant vers la queue du train.
Les mines seraient compassées de manière à amener leur explosion simultanée.

Il serait encore très praticable de creuser des
fourneaux de mine dans le corps de la voie et d'en
déterminer l'explosion par l'électricité, au moment du passage des trains. On peut produire
cette explosion, soit de la manière ordinaire, c'est
à dire par un opérateur placé près des piles,
soit de la façon suivante. Les fils conducteurs
sont établis et aboutissent à la mine, mais l'un
d'eux qui passe *près* du rail, est brisé en ce point.
Deux petites lames flexibles (*a-b*) sont adaptées
aux deux bouts du fil (*fig.* 10); celui-ci est fixé

Figure 10.

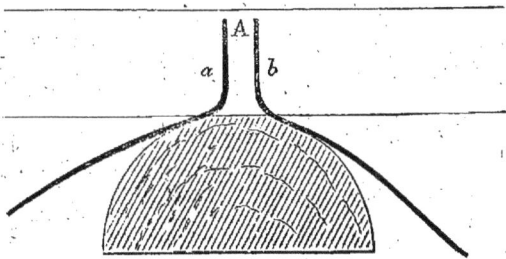

sur une traverse, à quelques millimètres de la

face intérieure du rail. Le courant est interrompu en A. Lorsque le train passe, le courant est rétabli par le contact des roues avec les lames a-b, aussitôt l'explosion a lieu.

Le capitaine du génie Dupont propose un système analogue, voici comment il le décrit : « On « fixe à la partie inférieure de deux rails, près « du joint, des poupées à vis pour l'attache des « conducteurs ; les éclisses ordinaires sont rem- « placées par des éclisses de chêne peintes d'une « couleur imitant le fer. Dans le joint des rails, « on place une lame de cuir pour empêcher le « contact ; au milieu du corps de la voie se trouve « une caisse étanche où aboutissent les conduc- « teurs que l'on met en relation avec une pile de « Bunzen. Le courant est interrompu au joint « des deux rails, et rétabli par le passage d'une « locomotive ou de tout autre voiture. »

L'un et l'autre des dispositifs, indiqués précédemment, seraient surtout d'un emploi avantageux sur les ponts ou viaducs, au haut de remblais très élevés, partout enfin où un déraillement serait d'un effet désastreux.

Après avoir enlevé les rails, fait sauter un remblai, un pont, les talus d'une tranchée, on établira dans le corps de la voie, ou dans les décombres, des mines à percussion ou à friction, des torpedoes semblables à ceux que les Américains avaient à Pétersbourg, des bombes chargées, etc. [1]

[1] Les premières torpedoes employés à terre par les confédérés furent des bombes avec appareil détonnant. (On peut

L'ennemi entreprend-il de réparer les dégâts, les torpedoes font explosion sous ses pieds. Le danger réel pour les travailleurs est très grand, l'effet moral l'est plus encore.

en voir la description dans le *Traité de fortification polygonale* par le Colonel Brialmont, 2e volume page 152.) Ces appareils étaient calculés pour éclater sous un poids de 8 hectogrammes par pouce carré.

« Les bombes furent bientôt remplacées par des sacs
« d'étoffe remplis de balles et de morceaux de fer. La charge
« était placée dans une espèce de boîte à balles renforcée
« à la partie supérieure où se trouvait la fusée déton-
« nante. La charge était de 8 kilogrammes de poudre. (*Fig.*
« 11). On disposait des torpedoes en avant de quelques

Figure 11.

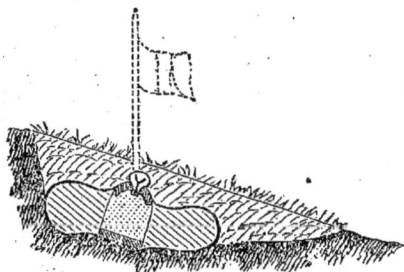

« retranchements, dans de petits trous et on les recouvrait
« de gazons ou de terre non tassée. Ils étaient espacés de 30
« pas et leur emplacement était marqué par de petits dra-
« peaux rouges que l'on enlevait dès qu'une attaque était à
craindre. *Les fédéraux connaissaient cette dernière particularité*, aussi bien souvent il a suffi de la présence de ces
« petits drapeaux pour arrêter un assaut. (Extrait des *Professional papers*, XVe volume).

V

DÉFENSE DES VOIES FERRÉES

On défend les chemins de fer par des colonnes mobiles parcourant le pays aux environs des voies, et par des fortifications élevées en des points convenablement choisis.

Pour que cette défense soit complète, il est indispensable de se mettre en mesure de réparer promptement les dégradations faites par l'ennemi ou par soi-même; dans ce but, on tiendra toujours disponible une nombreuse réserve en personnel et en matériel. Lorsqu'en 1864, Sherman se prépara à sa fameuse campagne de Géorgie, son premier soin fut de réunir à Nashville, toute une légion d'ouvriers et d'y établir un dépôt de locomotives, de rails, de traverses, etc. Pendant le siége de Petersburg, les confédérés avaient constamment à Richmont des trains chargés à l'avance de tous les objets nécessaires pour la réparation de la voie. Ces trains portaient aussi les ouvriers et en suivaient d'autres chargés de troupes. Les locomotives chauffaient sans cesse, et dès que le télégraphe électrique signalait une attaque ou un dégât, les trains armés partaient immédiatement. (Vigo Roussillon).

Les colonnes mobiles chargées de protéger les voies ferrées sont généralement composées de cavalerie. Il est cependant utile de tenir des trains toujours prêts pour transporter de l'infanterie aux points où sa présence serait nécessaire. Une défense passive de nos lignes de chemins de fer ne suffit même pas : des partis de cavalerie bien organisés et vigoureusement conduits doivent attaquer les lignes ferrées qui servent au ravitaillement de l'ennemi. Un horizon tout nouveau s'ouvre désormais devant les officiers d'une arme que l'on a tant et si injustement décriée.

La guerre d'Amérique offre de nombreux exemples d'incursions heureuses faites avec des forces considérables sur les derrières des armées belligérantes. En 1862, Stuart à la tête de 2,000 cavaliers confédérés, franchit le Potomac à la droite de l'armée fédérale, détruit les voies ferrées, situées en arrière, exécute une immense razzia et revient passer le Potomac à la gauche des fédéraux, ayant ainsi fait le tour de leur armée.

Dans ces pointes hardies, la cavalerie était accompagnée d'ouvriers spéciaux pour détruire les lignes du chemin de fer. Le commandant du génie Prévost recommande d'habituer les cavaliers à porter un petit sac rempli de poudre et quelques outils afin d'exécuter rapidement une destruction de voie ferrée[1].

---

[1] On réclame aujourd'hui la création de pionniers de cavalerie. Cette question n'est pas nouvelle ; elle avait déjà été agitée au XVIIIe siècle.

Ces courses à grande distance dont le nouveau
monde fut le théâtre, seraient impraticables dans
l'Europe centrale. D'ailleurs cette guerre de raz-
zias désorganise promptement la cavalerie. Malgré le fonds remarquable des chevaux américains, la consommation en fut à certains moments
énorme. Pour l'armée du Potomac seule, le
nombre de chevaux morts ou usés s'est élevé en
1863 à 35,078, soit 2 1/2 par cavalier[1]. — Trou-
vera-t-on beaucoup de gouvernements dont les
ressources soient assez grandes pour permettre
une telle dépense? Et si l'on veut se lancer dans
des expéditions à l'américaine, sans avoir les tré-
sors des États-Unis à sa disposition, quelle force
parviendra-t-on à mettre en ligne au jour du
combat? Bornons-nous donc à des détachements
de cavalerie peu considérables, mais confions-en
la conduite à des officiers énergiques, audacieux,
intelligents; assurons-nous le concours des habitants; dans notre pays il ne nous fera certes
point défaut. A ce point de vue surtout, l'organisation de *Compagnies de carabiniers volon-
taires* serait excessivement utile et avec leur appui, on interromprait ou l'on troublerait facilement la marche des convois de l'ennemi.

En 1866, le capitaine autrichien Vivenot, à la
tête d'une trentaine de cavaliers, parvint à cau-

---

[1] On lit dans le rapport du quartier-maître-général au
secrétaire de la guerre : « Le service de la cavalerie, quand
« elle est commandée par un chef hardi et entreprenant,
« exige un cheval neuf tous les quatre mois. »

ser des retards sensibles dans l'arrivée des convois prussiens en Bohême. « La population était
« pour lui, mais il aurait tiré un bien meilleur
« parti de cette connivence, s'il avait eu affaire
« à un landsturm bien organisé. *Cet exemple*
« *montre avec quelle facilité une faible troupe*
« *peut pénétrer en pays ami sur les derrières*
« *d'une armée même victorieuse.* »

L'érection des fortifications sur les chemins de fer a pour but de conserver les points les plus importants de ces voies. Ces points sont : une station située à une jonction ou à un croisement de voie ; un ouvrage d'art considérable ; un grand arsenal où sont toujours réunis des machines de tout genre, des rails, des ateliers de construction et de réparation, etc. Le choix des emplacements où on élèvera des travaux défensifs, est déterminé par certaines considérations tirées de la nature de la guerre que l'on aura à soutenir, de la constitution des frontières, du sol et du tracé des chemins de fer.

S'il s'agit d'un État puissant, n'ayant pas à craindre une attaque subite, et dont le système de guerre sera même plutôt offensif que défensif, les travaux de fortification seront élevés à la frontière. D'ailleurs une grande puissance n'ayant d'attaque à redouter que sur quelques directions bien déterminées, le nombre d'ouvrages défensifs nécessaires à la protection de ses lignes ferrées sera peu considérable.

Si au contraire le pays est petit, entouré de

puissants voisins, s'il est exposé aux convoitises de tous, on fortifiera des points situés vers le centre. Construites à la frontière, les fortifications seraient enveloppées dès le début des hostilités ; comme les troupes consacrées à les défendre seraient nécessairement peu considérables et qu'il serait impossible d'y envoyer des renforts, elles seraient bientôt enlevées. A la frontière d'un État comme la Belgique, les travaux devraient être très nombreux, car tous les points où les lignes de chemins de fer pénètrent dans notre pays sont naturellement des points de la plus haute importance. En admettant que nous ne puissions être attaqués que par la France ou par la Prusse, il ne faudrait pas moins de 14 points fortifiés. C'est évidemment beaucoup trop. Nous nous contenterons d'interrompre la voie près des frontières ; en arrière, nous élèverons des fortifications sur des points choisis d'après une étude approfondie de notre réseau de chemins de fer. Rapprochés de la position occupée par notre armée, ces travaux de fortification nous garantiront l'usage de nos lignes sur une certaine zône et empêcheront l'ennemi de s'en servir pour transporter ses équipages de siége jusqu'en vue d'Anvers.

Au reste, plus nous nous rapprochons de notre position centrale, moins les lignes deviennent nombreuses : 14 lignes pénètrent dans le pays par l'Est et par le Sud ; à 10 lieues d'Anvers elles se réduisent à 6, par la réunion de plusieurs lignes en une seule. Ces points de réunion sont

naturellement d'une haute importance, leur possession nous donne des débouchés au moins sur deux lignes différentes, et plusieurs d'entr'eux constituent pour l'assaillant des défilés qu'il ne peut tourner. « Lorsque la contrée est riche, dit
« le colonel Brialmont, lorsqu'elle est d'un accès
« facile et sillonnée de nombreuses voies de com-
« munication, les nœuds des routes n'ont sou-
« vent qu'une importance accessoire, l'ennemi
« pouvant faire observer les places qui les défen-
« dent, et les tourner par d'autres routes. Il n'en
« est pas de même des nœuds de chemins de fer,
« qui sont *des points de passages obligés*, comme
« le prouvent les dernières guerres d'Italie et
« d'Allemagne. »

Denderleeuw, Hal, Ottignies, Louvain, Nivelles (lorsqu'on aura construit la nouvelle ligne vers Bruxelles), rentrent bien certainement dans cette catégorie de points de passage obligés, et il est évident qu'en temps de guerre nous aurons le plus grand intérêt à les conserver en notre pouvoir.

Une ligne de chemin de fer traverse-t-elle une rivière en un point qui ne soit pas trop éloigné de notre camp retranché d'Anvers, nous aurons soin de défendre le pont sur lequel ce passage s'effectue. Tels sont les ponts de Tamise et de Düffel. Je ne cite point Malines et Lierre qui sont destinés à recevoir des fortifications permanentes justifiées par d'autres considérations encore. La position de Malines entre autres devrait être fortifiée au triple point de vue de son utilité pour la

défense de notre réduit central, de la nécessité de
protéger le grand arsenal des chemins de fer de
l'État, et de garder cet important point de croisement et de jonction.

Si l'on considère les fortifications à élever dans
le but spécial de la défense des chemins de fer,
il reste à déterminer à quel genre de travaux on
devra donner la préférence. S'agit-il de défendre
pendant quelques heures un pont, un viaduc, les
travaux de fortification seront peu considérables.
Tel serait le cas, si l'on ne voulait qu'arrêter l'ennemi pendant le temps nécessaire pour achever
les préparatifs de destruction d'un ouvrage d'art
dont on a voulu conserver l'usage jusqu'au dernier
moment. On a l'avantage d'éviter une destruction
prématurée et la certitude de pouvoir la faire
quand on le voudra, fût-ce même sous le feu de

Figure 12.

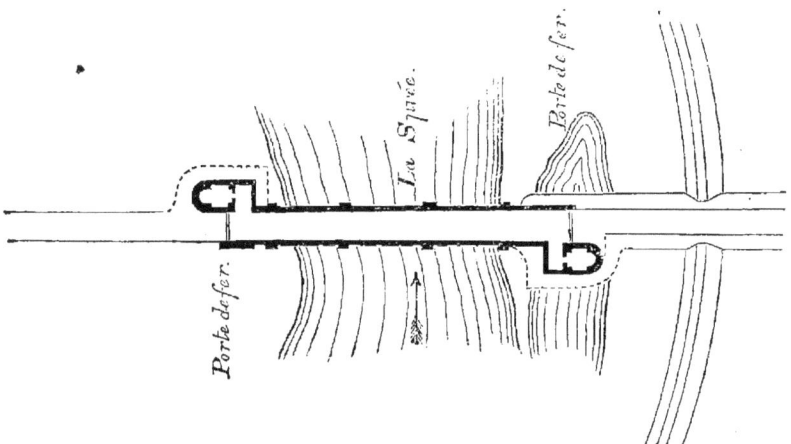

l'ennemi. C'est pour atteindre ce double but, que les Prussiens ont organisé la défense du pont de Kotbus sur la Sprée. (Ligne de Berlin à Görlitz, fig. 12). Ce genre de fortifications ne peut être élevé qu'en temps de paix. Si l'on a négligé de prendre cette précaution, on construit rapidement un blockhaus revêtu de rails; d'autres fois, on forme en arrière du pont à détruire, une ligne de défense occupée par des tirailleurs, en avant du pont on tend des fils de fer pour arrêter momentanément la marche de l'ennemi (fig. 13).

Figure 13.

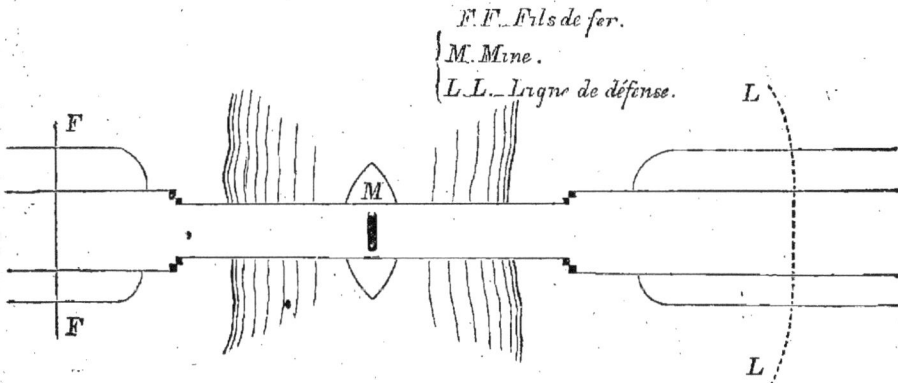

F.F._Fils de fer.
M. Mine.
L.L._Ligne de défense.

Quand il s'agit d'une défense de longue durée, les travaux de fortification prennent plus d'extension; ce sont presque toujours des forts permanents à cheval sur la ligne. A Hamm, entre Neuss et Dusseldorf, les Prussiens construisent en ce moment, un fort en maçonnerie, qui sera surmonté de deux coupoles armées chacune d'une pièce de fort calibre. Le chemin de fer passe au milieu du fort; pour interrompre la voie, il suffit de retirer les ponts qui donnent passage au dessus des fossés. L'érection de ce fort coûtera environ un demi million de francs. Si l'on recule devant la dépense, on remplacera ces fortifications permanentes par des constructions passagères : un grand blockhaus, une redoute, etc.

Pouvons-nous attendre la guerre pour mettre la main à l'œuvre? Je ne le crois pas. Les officiers du génie, si peu nombreux, auront malgré tout leur zèle, assez à faire pour compléter les travaux de défense de nos forteresses, et il est peu probable qu'on puisse leur imposer un surcroît de besogne. Du reste les fortifications sur les voies ferrées seront les plus utiles au début de la guerre, elles arrêteront les trains de l'ennemi et nous permettront de gagner du temps pour achever nos préparatifs.

Bruxelles, le 30 novembre 1869.

15 SEPTEMBRE 1871

————◦◦⦂◦⦂◦◦————

I

Vingt mois se sont écoulés depuis la publication de cette modeste brochure, vingt mois les plus féconds du xixᵉ siècle en événements politiques et militaires; un empire mort, un empire naissant. Des causes nombreuses, politiques, militaires, morales surtout, ont déterminé le succès des uns et la ruine des autres. Parmi les causes militaires qui ont décidé du triomphe de l'armée prussienne et de la défaite de l'armée française, il faut mentionner d'une part l'emploi raisonné des chemins de fer, l'étude persévérante, opiniâtre, en temps de paix, des services qu'ils peuvent rendre en temps de guerre, l'élaboration patiente et calme, la rédaction précise, à tête reposée d'un plan de mobilisation, l'ordre qui a présidé aux transports; d'autre part l'absence complète de mesures régulières, l'improvisation subite et néces-

sairement insuffisante des tableaux de marche,
le manque d'unité et de vues d'ensemble, la confiance exagérée et coupable dans le fameux : *dé-
brouillez-vous*. Faute grave! Pour que la mobilisation des forces, leur concentration rapide, ré-
gulière et sûre soit possible, il ne suffit pas de
transmettre au dernier moment, à l'administration des chemins de fer un tableau indiquant les
transports à effectuer. Des mouvements aussi considérables et aussi compliqués que ceux qu'exige
une prompte mise sur pied de guerre, demandent
à être préparés de longue main, tout doit être
prévu et réglé afin d'éviter la moindre erreur, le
moindre arrêt dans la marche des trains. Et même,
lorsque tout a été parfaitement combiné et organisé, c'est encore une lourde tâche qui ne peut
être menée à bonne fin qu'avec le concours éner-
gique et intelligent des autorités civiles et militaires. Or, en France, ces précautions n'avaient
pas été prises; on s'y était imaginé sans doute que
de grands transports peuvent s'organiser inopi-
nément : cette idée fausse eut une influence dé-
sastreuse sur l'entrée en campagne et par suite
sur toute la guerre. A cet égard, l'Empereur a
loyalement avoué son erreur et celle de son en-
tourage. On connaît aujourd'hui quel était son
plan de campagne ; 150,000 hommes à Metz,
100,000 hommes à Strasbourg, 50,000 hommes
au camp de Châlons; par cette répartition de
forces, laisser l'ennemi dans l'incertitude, puis
concentrer l'armée de Strasbourg et celle de Metz,

passer le Rhin entre Rastatt et Germersheim.
« Ce plan, dit l'empereur, n'avait de chance de
« réussite que si l'on gagnait l'ennemi de vitesse;
« il fallait, dans ce but, rassembler en peu de
« jours, sur les points déterminés, non seule-
« ment le nombre d'hommes voulu, mais les ac-
« cessoires essentiels, tels que les voitures, le
« train, les parcs, les équipages de ponts, les
« chaloupes canonnières pour protéger le pas-
« sage du Rhin, enfin l'approvisionnement de
« biscuit indispensable pour nourrir une armée
« nombreuse qui reste réunie.

« L'Empereur se flattait de pouvoir obtenir ce
« résultat et là fut son erreur, comme l'illusion
« de tout le monde fut de croire qu'au moyen des
« chemins de fer, la concentration de tant d'hom-
« mes, de chevaux et de matériel pourrait se faire
« avec l'ordre et la précision nécessaires, bien
« que *tout n'eût pas été réglé longtemps d'avance*
« *par une administration vigilante.* »

Quelles furent les conséquences de ces erreurs?
Un désordre, une confusion inextricables, l'im-
puissance, la défaite.

Tout autrement se passèrent les choses en
Prusse. On réunit à Berlin une commission chargée de présider aux transports de troupes sur la
frontière française; à la tête de cette commission
se trouve comme chef militaire le colonel V. Bran-
denstein; il reste dans cette ville pendant toute
la durée du mouvement de concentration, puis
lorsque cette opération est terminée, il est appelé

au grand quartier général où il continue à remplir les mêmes fonctions. A Erfurth, à Hanovre, à Leipsig, à Düsseldorf, etc., sont installées des commissions de lignes. En quinze à dix-huit jours, les transports sont achevés, sans encombre, sans accident grave sauf à Nordhausen.

On pourrait peut-être se demander comment il se fait que les transports de troupes par chemins de fer exigent en Prusse une quinzaine de jours pour être entièrement achevés, alors que la rapidité de marche des trains militaires est en Belgique d'environ 30 kilomètres à l'heure, et que, par conséquent, l'on parcourt 150 lieues en 24 ou 30 heures. La réponse à cette question me paraît être la suivante : un corps prussien comprend en moyenne :

25 bataillons d'infanterie,
 6 régiments de cavalerie,
 6 batteries,
 1 bataillon de pionniers.

Ambulances, — pontonniers, — colonnes de vivres ou de munitions.

Les trains militaires sont très considérables, ils comptent souvent 60 et 80 voitures, leur marche doit donc être plus lente que celle des nôtres[1]; ils sont organisés pour transporter, soit :

   1 bataillon au complet,
ou 1 1/2 escadron   »
ou 1 batterie   »

[1] En Belgique, d'après les règlements en vigueur, les

On compte pour un corps [1] :

État-major	3 trains.
Infanterie.	25 »
Cavalerie	18 »
Artillerie	16 »
Pionniers	1 »
Pontonniers	1 »
Ambulances	3 »
Colonnes	16

Total. . . 83 trains.

Ne perdons pas de vue que beaucoup de transports ont en Prusse de grands espaces à parcourir; il en résulte que la troupe doit manger en route, trouver à certaines stations un repas chaud, du café, etc., qu'elle doit s'y arrêter pendant quelque temps pour des soins de différentes natures, que les chevaux doivent boire, etc., etc. [2] Ces

trains de marchandises chargés ne peuvent dépasser 60 waggons. La force des trains de troupes est limitée à 40 voitures, fourgons compris. Dans ce cas, ils marchent à la vitesse de 30 kilomètres à l'heure. Si les trains sont moins considérables, la vitesse est augmentée ; elle peut être de 60 kilomètres à l'heure pour des transports qui ne dépassent point 300 hommes, c'est à dire sept waggons chargés.

[1] Militärische Gedanken und Betrachtungen über den Deutsch-Französischen Krieg der Jahre 1870 und 1871.

[2] En Prusse, tous les préparatifs avaient été faits pour que la troupe eût à son arrivée un repas préparé par l'Administration militaire. En France, le soldat descendait du train, courait au buffet-restaurant, recevait des vivres, des boissons de toute part, il y avait peu d'ordre, et déjà un peu de

divers retards prennent au moins une heure, comme on perd encore du temps pour faire descendre les troupes et les faire remonter en voiture, il est rare que le temps d'arrêt soit inférieur à 1 1/2 ou 2 heures, et que, par conséquent, les trains puissent se suivre à moins de 2 heures d'intervalle.

Si l'on veut parer à toute chance d'encombrement qui pourrait entraver la marche des trains, il est prudent d'arrêter au milieu de la journée tout départ pendant quelques heures. Le chemin de fer n'a-t-il qu'une voie, de nouvelles causes de ralentissement viennent s'ajouter à celles que nous indiquons. Aussi ne met-on que rarement plus de 10 ou 12 trains militaires en marche sur une ligne à 2 voies, et 8 ou 10 sur une ligne à une voie. Lorsque la ligne est en partie à une voie et en partie à deux voies, il est presque impossible d'y faire circuler plus de trains que sur une ligne à une seule voie[1].

La lenteur de la marche, les nombreux temps d'arrêt, les retards de tout genre font qu'un train ne parcourt pas au delà de 45 à 50 lieues en un jour.

D'après ce qui précède, on voit qu'il faut huit

relâchement dans la discipline. Au moment du départ beaucoup de soldats manquaient à l'appel, on les attendait et de là résultaient des retards, une marche irrégulière dans le service des chemins de fer, toutes choses plus graves en réalité qu'elles ne le sont en apparence.

[1] On réserve en outre un certain nombre de trains pour l'intendance.

jours pour transporter un corps complet, à plus
de 50 lieues, sur une ligne à double voie et à peu
près 10 jours sur une ligne à simple voie. Encore
faut-il que l'on puisse disposer d'un matériel suffisant, qu'il ne survienne aucun incident sérieux,
que tout se passe régulièrement. Ajoutez-y le
temps nécessaire aux préparatifs, etc., il n'est pas
étonnant, dès lors, qu'il faille une quinzaine de
jours pour terminer entièrement tous les transports militaires nécessités par la mobilisation de
l'armée prussienne [1].

Les services rendus par les chemins de fer,
dans cette première période, sont des plus remarquables, toutefois il est douteux que dans les
guerres futures les Prussiens n'apportent pas de
nombreux perfectionnements à la manière dont
ils ont utilisé leurs voies ferrées, et très proba-
blement leur entrée en campagne dans une pro-
chaine guerre suivra encore de plus près que
dans celle-ci, la déclaration de guerre et l'ordre
demobilisation.

Si la durée du trajet n'est pas telle que la
troupe doive faire le voyage sans s'arrêter, il suf-

---

[1] D'après l'officier-général prussien auquel j'ai emprunté
plus haut des données positives sur le nombre de trains nécessaires au transport d'un corps d'armée, il paraît que le
manque de matériel se fit sentir pendant la guerre. Cela pro-
vient, dit-il, de ce que les sociétés ne font construire que le
nombre de voitures qui leur est strictement nécessaire pour
le temps de paix. L'honorable général demande que pour
obvier à cet inconvénient, l'Etat ait toujours en réserve un
certain nombre de voitures dont il pourrait tirer un grand
parti en cas de guerre.

fira de laisser un intervalle d'une demi-heure
entre les trains et d'interrompre les départs pendant une heure au milieu du jour : pour les par-
cours de 20 à 25 lieues un intervalle d'un quart
d'heure serait même suffisant. Dans ces conditions, un corps peut être transporté en 48 ou
24 heures, à condition que le matériel ne fasse
pas défaut et que l'on dispose à la gare de départ
et à la gare d'arrivée, de nombreux quais d'embarquement et de débarquement. On peut même
affirmer que pour ce qui concerne notre pays, la
rapidité et la capacité de transport n'ont d'autre
limite que la facilité d'embarquer et de débarquer.
« Si l'embarquement et le débarquement étaient
« instantanés, me disait un jour un fonctionnaire
« du ministère des travaux publics, je vous
« transporterais en 24 heures toute la Belgique
« où vous voudriez. »

Nous avons vu plus haut que le déplacement
d'un corps d'armée demandait de 80 à 90 trains,
il faut plus de 1,000 trains pour transporter toute
l'armée prussienne.

Mais ce n'est pas seulement pour les préparatifs de l'entrée en campagne, que les chemins de
fer ont rendu de précieux services; on a pu en
tirer le plus grand parti pendant et après la
guerre.

II

A. Pendant la guerre ils ont servi aux transports de vivres, d'approvisionnements de munitions, de renforts : on peut affirmer que sans les chemins de fer, il serait impossible de faire mouvoir avec régularité, sûreté et vitesse, dans un but donné, les masses immenses que l'on met aujourd'hui en action.

La ligne Toul-Épernay était la vraie ligne d'approvisionnements des Prussiens pendant le siége de Paris. Les trains n'y voyageaient qu'avec une grande lenteur : ils mettaient, assure-t-on, jusque cinq jours pour l'aller et huit jours pour le retour. Douze trains circulaient par jour, et cependant, il y avait double voie. Cet état de choses provenait surtout de ce que la station primitivement choisie ne se prêtait pas à un débarquement rapide ; plus tard on put choisir d'autres stations plus commodes.

La guerre de 1870-1871 a mis plus en relief que jamais l'utilité des chemins de fer pour les transports des vivres : toujours les armées ont cherché à se rapprocher d'une ligne ferrée et à la suivre même pendant leurs opérations. C'est ainsi qu'au début de la marche de l'armée de Châlons vers Sedan, le maréchal de Mac-Mahon fut forcé

6

de se rapprocher de la ligne de Mézières pour assurer les approvisionnements de son armée ; tant il est vrai que les chemins de fer sont de vrais *magasins ambulants* [1].

Dans ce genre de transports comme dans tout autre, on doit prendre de grandes précautions pour assurer la marche des trains et surtout leur prompt chargement et déchargement. A quoi servirait-il d'avoir dans les stations d'innombrables voitures chargées de vivres si on ne peut les décharger? Ce serait s'exposer à mourir au milieu de l'abondance, à souffrir dans toute sa réalité le supplice de Tantale.

Enfin, il est un soin indispensable, c'est de donner à chaque coli un numéro d'ordre et d'indiquer non seulement sur la lettre de voiture mais encore sur chacun de ces colis, ce qu'il contient; sans cela on doit aller à tâtons, agir au hasard, on perd du temps, et le soldat, voyant quelle incertitude règne dans toutes les mesures prises pour assurer son entretien, perd confiance dans ses chefs, la discipline s'en ressent et d'une cause futile, il résulte un grand mal.

Lors du siége de Paris, les voies ferrées rendirent également de grands services pour le transport du matériel de siége : elles permirent d'éviter la formation de grands dépôts de munitions à proximité de la place que l'on attaquait.

---

[1] Dans une dépêche du 8 janvier dernier, le général Bourbaki écrivait au général Chanzy : « Mes mouvements « ont été retardés par la difficulté de faire vivre des troupes « lorsqu'elles s'éloignent des voies ferrées.

Dans les opérations des armées en campagne les lignes de chemins de fer ne furent pas moins utiles. On comprend aisément pourquoi il en est ainsi, en effet :

B. Le principe fondamental de l'art de la guerre consiste à porter successivement le gros de ses forces sur les points décisifs du théâtre des opérations ; n'est-il pas évident que l'emploi intelligent des chemins de fer est l'un des meilleurs moyens d'y parvenir ? Ne facilitent-ils pas la concentration des forces? Ne permettent-ils pas de les porter rapidement au point décisif? De diriger dans des éventualités graves, sur une partie importante du théâtre de la guerre, des officiers de choix pour y concourir aux opérations et même pour prendre momentanément le commandement supérieur, puis de rappeler ces officiers ou de les porter sur d'autres points lorsque leur présence sur les premiers deviendra inutile?

Toutes ces circonstances se sont présentées et la campagne qui vient de finir, nous démontre une fois de plus, que les voies ferrées multiplient les forces d'une armée en imprimant à ses mouvements une précision et une promptitude d'exécution remarquables [1].

Il est incontestable que les Français ont pen-

---

[1] Napoléon a écrit dans ses mémoires que « La force d'une « armée, comme la quantité de mouvement dans la méca- « nique, s'évalue par la masse multipliée par la vitesse. Une « marche rapide augmente le moral de l'armée, elle accroît « ses moyens de victoire ».

dant la guerre tiré des chemins de fer un parti moindre que ne l'ont fait les Prussiens. A vrai dire ils étaient dans des conditions défavorables; toutefois le général Vinoy lors de sa retraite sur Paris et Garibaldi dans l'Est, s'en sont avantageusement servi.

C. Le soin des malades et des blessés est pour tout gouvernement un devoir d'honneur, d'humanité et même d'intérêt bien entendu. Le soldat qui a la certitude d'être soigné s'il est blessé ou malade, marche au combat avec plus de confiance et d'ardeur que le soldat qui n'a pas cette assurance.

Or, pour que les malades soient bien soignés, il faut :

1° Que l'armée soit pourvue en personnel et en matériel d'ambulance et d'hôpitaux;

2° Que les hôpitaux et les ambulances soient abondamment fournis de tous les objets nécessaires aux malades et aux blessés : vins, médicaments, nourriture fraîche et variée [1].

3° Que l'on puisse évacuer les malades, afin de les répartir sur une grande étendue de pays et de prévenir ainsi le développement des épidémies.

4° Que les évacuations se fassent dans les meilleures conditions possible.

Les chemins de fer ne permettent-ils pas d'at-

---

[1] Ceci est tellement important que d'après le docteur Baudens, 100,000 francs de légumes frais épargnaient en Crimée 500,000 francs de dépenses d'hôpital.

teindre ces différents buts ? Dans toutes les guerres dont l'Europe et l'Amérique ont été le théâtre depuis quinze ans, on a vu les voies ferrées, utilisées de la façon la plus complète pour procurer aux malades tous les soins et tous les soulagements que réclame leur état.

Dans la guerre qui vient de finir le matériel et le personnel des ambulances se transportaient partout où leur présence était utile : les secours affluaient de toutes parts, les malades étaient répartis sur une immense étendue de pays, on peut même dire sur toute l'Europe centrale.

Et dans quelles conditions se font ces évacuations? Autrefois, les malades et les blessés du champ de bataille que l'on dirigeait vers les hôpitaux établis sur la ligne et sur les bases successives d'opérations, ne pouvaient être transportés que sur des chars mal suspendus, dans lesquels les malheureux patients cahotés en tout sens éprouvaient pendant un voyage de longue durée, des souffrances horribles. Aujourd'hui, au contraire, ces transports sont rapides, le malade souffre beaucoup moins, et les évacuations peuvent se faire sur un très grand espace.

On reproche aux Prussiens de n'avoir pas, au début de la guerre, fait tout ce qu'ils auraient pu pour que le transport des blessés eût lieu dans de bonnes conditions : un officier autrichien affirme avoir vu à Mayence des blessés Allemands abandonnés sans soins dans des waggons à marchandises où ils étaient couchés sur de la paille ou même sur le plancher[1]. Est-ce réellement à un manque de précautions qu'il faut attribuer cet état de choses? N'est-ce pas plutôt à l'impossibilité absolue où l'on a pu se trouver de pourvoir régulièrement à tous les transports.

Il est à peine nécessaire de faire ressortir ici, de quelle utilité furent les chemins de fer pour transporter en Allemagne les innombrables prisonniers français et plus tard pour les ramener en France, enfin pour rapatrier une partie de l'armée victorieuse.

[1] Oesterreichische Mil. Zeitschrift.

III

En fait de destructions et de réparations de voies ferrées, il ne s'est, croyons-nous, rien produit de nouveau. Les Français avaient compté, paraît-il, arrêter les transports prussiens au moyen de mines qui devaient faire explosion sous les trains du chemin de fer : le danger couru par les armées confédérées était très grand, mais elles l'ont conjuré avec une cruelle habileté, en faisant monter des ôtages sur les locomotives. Cette mesure était évidemment d'une efficacité décisive, mais est-elle conforme aux usages de la guerre?[1] Est-il bien admissible que dans les guerres régulières, on en revienne encore au système des ôtages dont la vie serait menacée pour des faits purement militaires? Si l'on admet ces pratiques, pourquoi une armée assiégeant une place, ne mettrait-elle pas au premier rang de braves bourgeois *inoffensifs* au moment où elle montera à l'assaut? C'est un sûr moyen d'empêcher le défenseur de faire jouer ses mines et ses fougasses. Aucune armée au monde n'y consentirait, et la vaillante armée prussienne moins que toute autre ; et cependant quelle différence trouverait-on entre cette manière d'agir et celle qui consiste à exposer des êtres *inoffensifs* au danger de sauter avec tout un train de chemin de fer?

[1] Ne serait-il pas désirable que cette question fût soumise à l'appréciation des légistes qui font autorité en matière de droit des gens ?

IV

Il nous reste à examiner quelle portée peuvent avoir pour nous les enseignements de la guerre franco-allemande?

a. Les chemins de fer abrègent considérablement l'intervalle entre la déclaration de guerre et l'ouverture des hostilités; il est donc nécessaire de prendre toutes les précautions voulues pour rendre la mobilisation, la concentration de l'armée les plus rapides et les plus régulières possible.

b. Les premières rencontres auront une grande importance; deux nations en guerre ne tarderont pas à engager dans la lutte toutes leurs forces vives, les guerres seront plus que jamais des guerres de peuple à peuple, ce qui, abstraction faite de toute autre considération, doit faire pencher la balance en faveur du pays où tous les citoyens peuvent être appelés à faire partie de l'armée et ont reçu une éducation militaire suffisante pour y figurer avec honneur.

Que l'on discute cette conclusion, qu'on la rejette comme antihumanitaire, rien n'y fera, tôt ou tard on devra l'admettre; ce n'est point avec des théories humanitaires, ni avec des discours sur la liberté et sur les droits des peuples qu'on défend son pays, mais avec de bonnes armées, fortes, nombreuses, morales, disciplinées.

c. Cette guerre nous a encore démontré un autre fait d'une importance exceptionnelle pour nous; c'est qu'une grande place à camp retranché, défendue par des forces suffisantes, est imprenable autrement que par la famine. Metz, Paris, ne se sont rendus qu'au moment où le pain allait manquer. Or, la conservation d'Anvers, c'est le salut de la Belgique. « Tant que la place « centrale n'est pas prise, disait Napoléon, le sort « du pays n'est pas décidé. » Donc, si nous avions demain à soutenir une guerre, notre plus grand souci devrait être d'assurer le ravitaillement d'Anvers, base d'opérations et refuge de l'armée. Suffira-t-il de prendre des mesures au dernier moment, pour rassembler dans cette place les vivres, les fourrages, les bestiaux, etc., nécessaires à l'armée lorsqu'elle devra s'y replier? Ce serait une erreur de le croire. Ici encore, il est nécessaire que tout soit prévu, que chaque province, chaque arrondissement, chaque commune, chaque individu même, sache ce qu'il aura à fournir, sur quel point l'on devra concentrer les vivres, etc., pour les transporter à Anvers; que l'on ait désigné les autorités qui seront chargées de surveiller et de diriger cet immense travail. L'on devra arrêter, *dès maintenant*, l'organisation et la marche des trains de chemin de fer, l'itinéraire des convois de bestiaux, des transports par eau, etc., etc. En un mot prévoir et assurer l'exécution des mesures qu'après mûre réflexion, on aura reconnues les meilleures. Que l'on mette immédiatement la

main à l'œuvre, tout retard, toute hésitation serait
une faute qui pourrait compromettre le salut de
la patrie.

FIN.

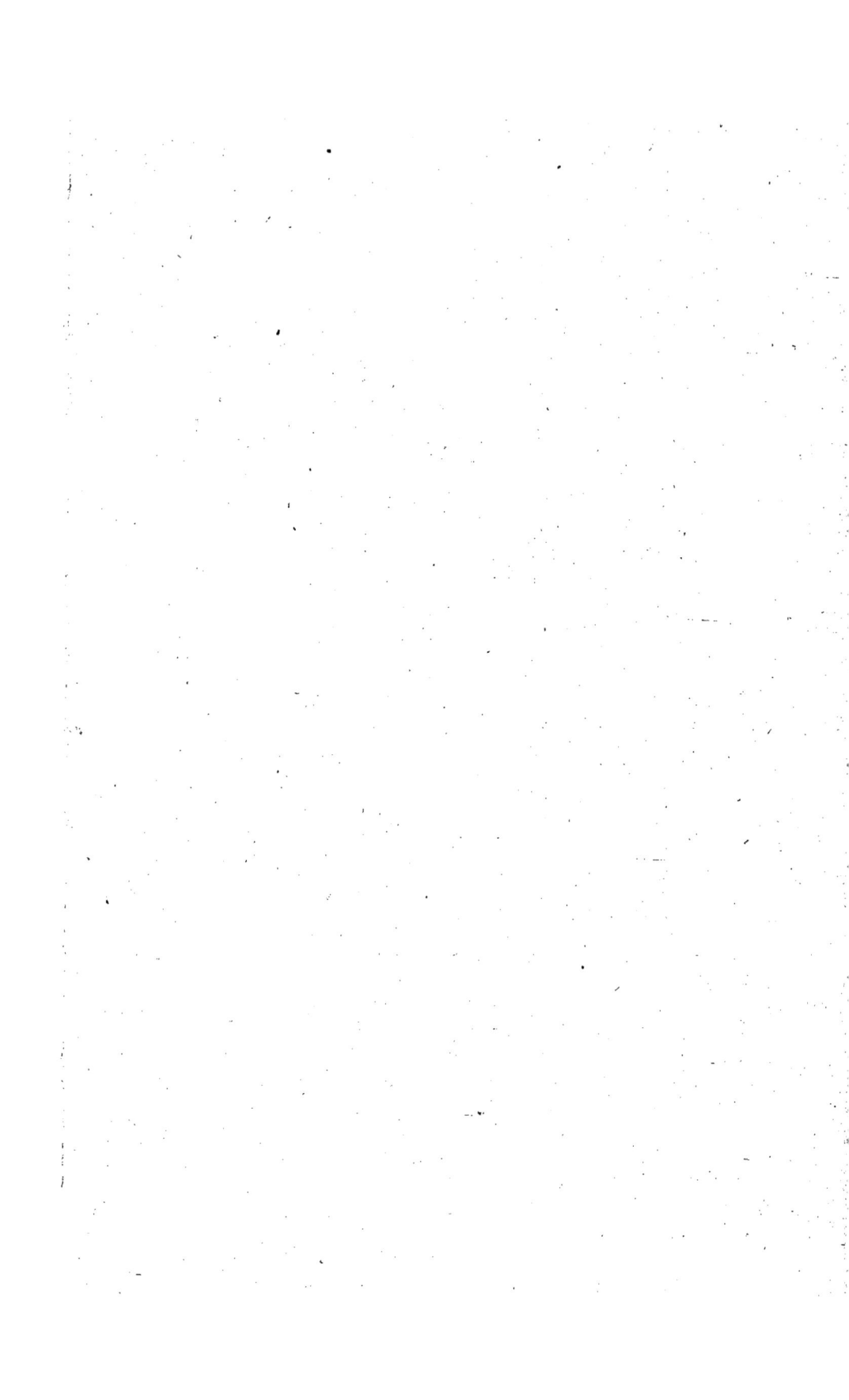

NOUVEAUTÉS MILITAIRES & SCIENTIFIQUES
DE LA LIBRAIRIE DE LA COUR C. MUQUARDT

HENRY MERZBACH, SUCCESSEUR, LIBRAIRE-ÉDITEUR

A BRUXELLES, GAND ET LEIPZIG

——o·o¦ʘ¦o·o——

NOUVEAUTÉS MILITAIRES & SCIENTIFIQUES
DE LA LIBRAIRIE DE LA COUR G. MUQUARDT
HENRY MERZBACH, SUCCESSEUR, LIBRAIRE-ÉDITEUR
A BRUXELLES, GAND ET LEIPZIG

—∘∘°∘∘°∘∘—